Siegreich christlich Leben

E.C. Nakeli, Dr.phil.

© 2024 von E.C. Nakeli

Herausgegeben von Perez-Verlag

Bei Fragen und Veröffentlichungswünschen bitte schreibe an:

Perez-Verlag

40 S. Church St.

Westminster, MD 21157

E-Mail: ecnakeli@yahoo.com

Gedruckt in den Vereinigten Staaten von Amerika

Alle Rechte vorbehalten. Kein Teil dieser Veröffentlichung darf reproduziert, in einem Abrufsystem gespeichert oder in irgendeiner Form oder auf irgendeine Weise übertragen werden – zum Beispiel durch elektronische Verarbeitung, Fotokopie, oder Aufzeichnung — ohne vorherige schriftliche Genehmigung des Verlags. Einzige Ausnahme sind Kurzzitate in gedruckten Rezensionen.

Um den Autor zu kontaktieren, bitte schreibe an:

E.C. Nakeli

40 S. Church St.

Westminster, MD 21157

E-Mail: ecnakeli@yahoo.com

Siegreich christlich Leben/ E.C. Nakeli

ISBN: 978-1-945055-35-5

Wenn nicht anders markiert, stammen die deutschsprachigen Referenzen aus der folgenden deutschen Heiligen Schrift:
SCHLACHTER BIBEL®, Copyright © 1951 von Genfer Bibelgesellschaft. Verwendung mit Genehmigung. Alle Rechte weltweit vorbehalten.
Andere Referenzen stammen aus den folgen deutschen Heiligen Schriften und sind mit den nachfolgend angegebenen Abkürzungen entsprechend markiert:
SCHLACHTER VERSION 2000®, SCH2000 Copyright © 2011 von Genfer Bibelgesellschaft. Verwendung mit Genehmigung. Alle Rechte weltweit vorbehalten.
LUTHER BIBEL, LB, Ausgabe 1912.
ELBERFELDER BIBEL, EB, Ausgabe 1905.
NEUE EVANGELISTISCHE ÜBERSETZUNG, NeÜ, Copyright © 1916 von Karl-Heinz Vanheiden. Verwendung mit Genehmigung. Alle Rechte weltweit vorbehalten.
Deutsche Übersetzung: Dennis Z. Halasz

Inhaltsverzeichnis

Danksagungen vii

Widmung viii

Kapitel 1 9

Den Konflikt verstehen 9

    Das Wesen des Konflikts 9

    Gottes Plan 11

    Befolge den Befehl 12

    Nur so, wie er führt 13

    Der Kampf ist Gottes 14

Kapitel 2 16

Den Feind verstehen: seine Stärken und Schwächen 16

    Sein Wesen 16

Kapitel 3 21

Den Feind verstehen: seine Aktivitäten 21

    Er ist ein Ankläger 21

    Er sät Disteln (Unkraut, Dornen) 22

    Er stiehlt das Wort 23

    Er verdreht die Schriften 23

    Er hält die Menschen gefesselt 24

Kapitel 4 26

Unser Mandat 26

    Der Feind hat Waffen 27

    Seine Waffen sind auf Versagen ausgelegt 27

    Wir haben den Auftrag zu urteilen 28

Kapitel 5 32

Unsere Verteidigungswaffen 32

Was unsere Waffen nicht sind 33

Die Möglichkeiten unserer Waffen 33

Unsere Verteidigungswaffen 34

    Allgemeine Verteidigungswaffen 34

    Persönliche Verteidigungswaffen 37

Kapitel 6 41
Unsere Angriffswaffen 41
Kapitel 7 51
Unsere Gelassenheit 51

.... 51

    Kenne die Rückschläge 52

    Ein weiterer Rückschlag 54

Kapitel 8 57
Bereit für den Sieg 57

    Vorsichtig sein 58

    Kraft in Reinheit 60

        Satan weiß, dass in der Reinheit Kraft liegt 60

    Mit dem Geist in Phase bleiben 62

    In die Offensive gehen 65

    Wie man sich den Sieg aneignet 65

Kapitel 9 67
Deine Gegenstrategie 67

    1). Unschuld über das Böse: 67

    Einige Fakten zur Selbstbeherrschung 68

    Wie man Selbstbeherrschung erlangt 70

Kapitel 10 75
Deine Gegenstrategie 2 75

    Wie man dem Teufel widersteht 75

    5. Stehe fest in deinem Glauben 77

    Warum du hartnäckig bleiben solltest 77

        - Festhalten bringt großen Sieg 78

    Wie man standhaft bleibt 78

Kapitel 11 81

Das Monster töten 81

    Seine Manifestationen (was Sünde ist) 82

    Die Sünde 82

    Übertretung 84

    Hausfriedensbruch 85

    Ungerechtigkeit 85

Kapitel 12 87

Die zerstörerische Kraft der Sünde 87

    _____ 87

    Was macht die Sünde mit einem Menschen! 87

    Eine Fallstudie 97

Die Sünde muss ausdrücklich bekannt werden 103

    Wie erfolgt die Bekennung? 104

    Die Basis für Vergebung 106

Kapitel 14 110

Zu wissen, wer und was du bist 110

    Er hält dich aufrecht 113

    Du bist unbesiegbar 114

    Die richtige Einstellung 116

    Du bist ein Imperialist 117

Kapitel 15 119
Der Umgang mit Waffen 119
  Fazit 123

Danksagungen

Ich habe dieses Buch im Jahr 2006 geschrieben und möchte den Jugendlichen und der gesamten Gemeinde von Christian Missionary Fellowship International, Kumba Cameroon, danken. In diesen sechszehn Jahren, seit das Buch geschrieben wurde, war ich Teil zweier weiterer lebendiger Gemeinden, der Christian Missionary Fellowship International, Westminster, Maryland, und der Christ Gospel City in Karlsruhe, Deutschland. Ich möchte mich bei den Pastoren und Mitgliedern dieser Gemeinden bedanken. Ich möchte auch den Mitgliedern, Freunden und Partnern von Gospel Light International Ministries und SEKEL-Instituten danken.

Widmung

Ich widme dieses Buch meinen Kindern, meinen Söhnen Maaseiah Pele und Seraiah Mashal und meiner Tochter Loria Pristine. Möge der Herr eure Hände für den Kampf ausbilden. Möget ihr die Geheimnisse eines siegreichen christlichen Lebens erfahren und Krieger für das Königreich werden.

Kapitel 1

Den Konflikt verstehen

Das Christenleben ist ein ständiger Konflikt für denjenigen, der den Maßstäben Gottes entsprechen muss, wie sie im Buch vorgeschrieben sind. Der Christ ist täglich dem Druck der Sünde, der Welt und des Teufels selbst ausgesetzt, die versuchen, seine Seele von einer wahren und totalen Treue zum König des Universums wegzulocken. Unabhängig von der Intensität des Konflikts kann das christliche Leben ein Leben des kontinuierlichen Sieges und Triumphs über die Mächte des Bösen sein, für denjenigen, der versucht, die Natur des Konflikts sowie den Feind zu verstehen und die Prinzipien des Sieges anzuwenden, wie sie in der Bibel beschrieben sind.

In dieser Studie werden wir genau das tun: die Natur des Konflikts und den wahren Feind verstehen und sehen, wie wir Gottes offenbarte Prinzipien oder Strategien, die der Gläubige für den Sieg anwenden muss, benutzen können.

Das Wesen des Konflikts

Um die Natur des Konflikts zu verstehen, können wir uns nur an Gottes Handbuch für das Leben wenden. Während wir es studieren, ergeben sich meiner Meinung nach die folgenden Punkte in Bezug auf die Art des Konflikts, in dem wir uns befinden.

Der Konflikt ist universell:
Die Universalität des Konflikts bedeutet, dass es keine Ausnahme gibt, wer beteiligt ist. Solange du ein Mensch bist, bleibst du unabhängig von deiner Rasse, Kultur, geografischer Lage, Berufung oder sozialer Stellung Teil des Konflikts.

„So wurde geworfen der große Drache, die alte Schlange, genannt der Teufel und der Satan, der den ganzen Erdkreis verführt, geworfen wurde er auf die Erde, und seine Engel wurden mit ihm geworfen." (Offenbarung 12,9)

Siehst du die Qualifikation, die Satan hier gegeben wird? Er ist der, der die ganze Welt in die Irre führt, ungeachtet der oben erwähnten Unterschiede, die die Menschheit zu spalten scheinen.

Die ganze Welt befindet sich im Kriegszustand, ob wir in Kenntnis oder Unkenntnis dieser Tatsache sind. Wir tun uns nur dann gut, wenn wir uns mit der Wahrheit darüber auseinandersetzen und danach handeln. Obwohl der Konflikt universell ist und es keine Ausnahmen gibt, hat Satan eine primäre Zielgruppe – die Gläubigen. Die Bibel sagt: „Und der Drache ergrimmte über das Weib und ging hin, Krieg zu führen mit den übrigen ihres Samens, welche die Gebote Gottes beobachten und das Zeugnis Jesu haben." (Offenbarung 12,17)

Der Teufel führt immer noch Krieg gegen die Auserwählten Gottes auf der ganzen Welt. Das zu wissen, wird dir Mut machen, festzuhalten und weiter zu kämpfen, **„da ihr wisset, daß eure Brüder in der Welt die gleichen Leiden erdulden." (1. Petrus 5,9)**

Der Konflikt geht weiter:
Normalerweise dauern Konflikte je nach Ausmaß nur für eine gewisse Zeit. Der Christ jedoch befindet sich sein ganzes Leben in einem „Kriegszustand". Der Kampf, in den du verwickelt bist, dauert dein ganzes Leben lang, so lang dir Gott Atem verleiht.

Die Bibel sagt: **„Euer Widersacher, der Teufel, geht umher wie ein brüllender Löwe und sucht, wen er verschlingen könne." (1. Petrus 5,8)**
„Geht umher" ist im Präsens kontinuierlich, das heißt, er streift herum und wird weiter streifen. Von alters her ist er dabei „das Land durch zu streifen und darin umher zu gehen." (Hiob 1,7) Über den Herrn Jesus steht

geschrieben: „Und nachdem der Teufel alle Versuchung vollendet hatte, wich er von ihm eine Zeitlang." (Lukas 4,13) Jeder Sieg bereitet dich auf die nächste Schlacht im Konflikt vor.

Der Konflikt ist zunächst ein spiritueller:
Es gibt sicherlich physische Beweise und Manifestationen, die zeigen, dass der Gläubige im Konflikt mit den Mächten des Bösen steht. Aber trotz dieser physischen Manifestationen muss man verstehen, dass der Konflikt in erster Linie ein spiritueller ist. Das zu wissen, bestimmt deine Herangehensweise an den Konflikt.

Die Bibel sagt: **„Denn unser Kampf richtet sich nicht wider Fleisch und Blut, sondern wider die Herrschaften, wider die Gewalten, wider die Weltbeherrscher dieser Finsternis, wider die geistlichen Mächte der Bosheit in den himmlischen Regionen."** (Epheser 6,12)

Der Konflikt, in dem du dich befindest, richtet sich nicht gegen Menschen aus Fleisch und Blut, sondern gegen Geistwesen, die möglicherweise menschliche Agenten einsetzen, gegen ein organisiertes System, das das Böse verbreitet. Deshalb wird uns gesagt: „Die Waffen unsrer Ritterschaft sind nicht fleischlich." (2. Korinther 10,4a) Wenn wir wissen, dass der Konflikt in erster Linie ein spiritueller ist, können wir eher auf die Ursache als auf die Wirkung schauen, wir können der Substanz statt dem Schatten nachjagen, und dadurch kann der Sieg in jedem Kampf garantiert werden.

Gottes Plan
Gott hat vorgesehen, dass der Christ lernt, in diesem Leben zu kämpfen. Es ist seine Verpflichtung, uns für den Kampf auszubilden. Die Bibel lehrt uns, dass unser Gott ein „Mann des Krieges" ist. Wie jeder gute Vater, möchte er uns lehren, wie wir so sein können, wie er ist. Aus diesem Grund beschloss er, uns für eine Weile in diesem feindlichen Gebiet zu lassen, nachdem wir seinem Dienst die Treue geschworen hatten, und um seine Repräsentanten und Träger seines Siegesbanners zu sein. Er weiß, dass uns in dieser feindseligen feindlichen Zone, in der die Dunkelheit herrscht, nichts anders erwartet als eine endlose Reihe kontinuierlicher Angriffe des Feindes und seiner Verbündeten, die diejenigen, die dem himmlischen König die Treue geschworen haben, als Verräter betrachten.

Unser himmlischer Vater hat, um den Feinden unserer Seelen seine Macht und Herrlichkeit zu offenbaren, in seiner Souveränität entschieden, dass er dies nur durch uns offenbaren wird, und ließ so den Teufel und seine Kohorten verstehen, dass „[noch immer] dem HERRN gehört die Erde und was sie erfüllt, der Erdboden und die darauf wohnen." (Psalm 24,1, Hervorhebung hinzugefügt)

Moses sagte den Israeliten: „Wenn du wider deinen Feind in den Krieg ziehst..." (5. Buch Mose 20,1). Dieselben Worte wiederholte er in seiner letzten Rede mit den Kindern Israel, die er aus Ägypten und durch die Wüste führte: „Wenn du wider deine Feinde in den Krieg ziehst..." (5. Buch Mose 21,10) Daher wird die Kriegsführung als integraler Bestandteil des Lebens des Gläubigen angesehen. Moses sagte nicht „ob du in den Krieg ziehst", sondern „wenn du in den Krieg ziehst".

Das normale christliche Leben ist ein Krieg, und wenn dieser Krieg im Leben des Gläubigen fehlt, kann man sicher sein, dass irgendwo zwischen diesem Krieg und den Mächten des Bösen ein Kompromiss besteht. Wenn es einem Leben an geistlicher Kriegsführung mangelt, dann fehlt es auch an Vitalität. Der Grad der siegreichen Kriegsführung bestimmt den Grad des spirituellen Reichtums und der Vitalität eines Menschen. Nichts im christlichen Leben wird auf dem Silbertablett serviert. Gott hat für dich den Krieg so geschaffen, dass du für alles, was du besitzen sollst, kämpfen musst.

Der Gläubige muss in sein oder ihr zugeteiltes Gebiet vordringen, sonst bleibt das, was ihm rechtmäßig gehört, unter feindlicher Besetzung. Satan wird nichts aufgeben, wenn er nicht dazu gezwungen wird. Er wird dir nicht erlauben, die Fülle deines Erbes zu betreten, bis du ihn in den Kampf verwickelst und ihn aus allen deinen Territorien vertrieben hast, die er illegal besetzt.

Befolge den Befehl

> „Der HERR, unser Gott, redete zu uns am Berge Horeb und sprach: Ihr seid lange genug an diesem Berge gewesen! Wendet euch nun und ziehet weiter, daß ihr zu dem Gebirge der Amoriter kommt und zu allen ihren Nachbarn in der Ebene, auf den Bergen und in den Tälern, gegen Mittag und gegen das Gestade des Meeres, in das Land der Kanaaniter und zum Berge Libanon, bis an den großen Fluß,

den Fluß Euphrat! Siehe, ich habe euch das Land, das vor euch liegt, gegeben; geht hinein und nehmt das Land ein, von dem der HERR euren Vätern Abraham, Isaak und Jakob geschworen hat, daß er es ihnen und ihrem Samen nach ihnen geben wolle." (5. Buch Mose 1,6-8)

Du musst vorrücken, um deinen Besitz zu besitzen. Gott möchte, dass du alles in Besitz nimmst, was er dir zugeteilt hat. Er möchte, dass du die Ebene besitzt – jene Dinge, die einfach und gewöhnlich erscheinen. Er möchte, dass du die Berge besitzt – jene Dinge, die schwierig und außergewöhnlich erscheinen. Er möchte, dass du die trockenen Länder besitzt – jene Dinge, die auf den ersten Blick wenig oder gar nichts zu bieten scheinen. Er möchte, dass du die Küste besitzt – die Dinge, die viel zu bieten scheinen. Nichts darf dem Feind überlassen werden.

Du musst für alles eintreten, was dir gehört. Dies erfordert eine aktive Kriegsführung, um die Festungen des Feindes in deinem Leben zu identifizieren und sie niederzureißen, wodurch der Feind vertrieben wird. Ich möchte, dass du verstehst, dass das Land des Überflusses auch das Land der Schlacht ist. Wenn du in das Leben der Fülle eintreten musst, musst du gegen jeden deiner Feinde auf deinem Weg zum Land in die Schlacht ziehen. Nachdem du eingetreten bist, musst du den Feind durch aktive Kriegsführung fernhalten, um dich an deinem reichen Erbe zu erfreuen.

Nur so, wie er führt
Gott hat auch vorgesehen, dass dieser Kampf nur so geführt werden darf, wie er führt und leitet. Wir müssen ihm ständig unterstehen, wenn wir weise kämpfen wollen. Im zweiten Kapitel des 5. Buches Mose wirst du feststellen, dass es Dinge gibt, wofür der Herr dich bitten wird, dich jetzt auf den Kampf einzulassen, für andere wird er dich bitten, dich später auf den Kampf einzulassen, und wiederum für andere, die er dich bitten wird, in Ruhe zu lassen. Du wirst vielleicht nie die Gründe verstehen, warum er das tut, aber du kannst sicher sein, dass der Eine, der dich führt, dich zum Sieg führt.

Ein weiterer Aspekt seines Plans in diesem Kampf ist, dass wir mit Waffen kämpfen, die vom Himmel hergestellt sind. Waffen, die speziell mit der Kraft, dem Potenzial und der Präzision des Himmels entwickelt wurden.

Er hat uns nicht dazu berufen, selbstgemachte Waffen zu benutzen, sondern solche mit göttlicher Macht.

Um zu zeigen, wie wichtig Gott unserer Kriegsführung beimisst, schlage mit mir das Buch auf:

> **„Das sind aber die Völker, die der HERR übrigbleiben ließ, um durch sie alle diejenigen Israeliten zu prüfen, welche alle die Kämpfe um Kanaan nicht erfahren hatten; nur um den Geschlechtern der Kinder Israel davon Kenntnis zu geben und sie die Kriegführung zu lehren, weil sie zuvor nichts davon wußten: die fünf Fürsten der Philister und alle Kanaaniter und Zidonier und Heviter, die auf dem Gebirge Libanon wohnten, vom Berge Baal-Hermon an bis dorthin, wo man gen Hamat kommt. Dieselben verblieben, damit Israel durch sie geprüft werde, auf daß kund würde, ob sie den Geboten des HERRN folgen würden, die er ihren Vätern durch Mose geboten hatte." (Richter 3,1-4)**

Das ist also Gottes Plan für uns:
 1. Wir lernen, wie man Krieg führt.
 2. Wir beweisen unsere Treue zum Vaterland und zu unserem König und Oberbefehlshaber Christus Jesus

Der Kampf ist Gottes

Obwohl wir in dieses Leben des Konflikts berufen wurden, müssen wir eines wissen: Der Kampf gehört nicht uns. Wir wurden gerade dazu berufen, damit wir als Teilnehmer an einem so großen Krieg an der Beute teilhaben werden, ob wir bei der Versorgungslinie bleiben oder an der Front die Verfolgung des Feindes anführen. Das Wissen, dass der Kampf dem Herrn gehört, führt uns zu dem Verständnis, dass der Sieg unser ist. Du solltest bedenken, dass Gott dich niemals bitten wird, in die Schlacht zu ziehen, wenn er dir nicht den Weg weist. Gott wird dich nicht bitten, das zu besitzen, was er dir nicht gegeben hat.

Gottes Ruf in die Schlacht kommt mit einer totalen Verpflichtung seinerseits, das Unmögliche möglich zu machen. Es kommt mit einer totalen Verpflichtung seinerseits, den Feind anzugreifen und zu schwächen, damit du ihn besiegen kannst. Deshalb sagte er den Israeliten immer wieder:

„Der HERR wird für euch streiten, und ihr sollt stille sein!" (2. Buch Mose 14,14) „Fürchtet euch nicht vor ihnen; denn der HERR, euer Gott, streitet für euch! " (5. Buch Mose 3,22) „Denn der HERR, euer Gott, geht mit euch, daß er für euch mit euren Feinden streite, um euch zu helfen." (5. Buch Mose 20,4)

Kapitel 2

Den Feind verstehen: seine Stärken und Schwächen

Keiner geht jemals in einen Krieg und erwartet zu gewinnen, ohne vorher die Natur des Konflikts und des Feindes zu verstehen: sein Wesen, seine Strategien und seine Aktivitäten. Wir haben gerade im vorigen Kapitel über die Natur des Konflikts gesprochen. In diesem Abschnitt werden wir über die Natur des Feindes sprechen.

Sein Wesen

Was die Natur Ihres Feindes betrifft, lässt uns die Bibel nicht im Dunkeln. Das Allererste, worauf ich deine Aufmerksamkeit lenken möchte, ist die Tatsache, dass der Feind, der gegen dich kämpft, einst ein Erzengel Gottes war. Einst hatte er Zugang zur unmittelbaren Gegenwart Gottes. Er existierte schon lange vor deiner Geburt, ist aber ein Geschöpf Gottes wie du. Der Feind, mit dem du es zu tun hast, ist nicht allmächtig, er ist nicht allwissend, er ist nicht allgegenwärtig und er ist nicht selbst-existent. Wie jedes andere erschaffene Ding hat er sein Sein allein in Christus, in dem „alle Dinge ihr Sein haben". Trotzdem macht ihn das nicht zu einer Ameise. Du musst sein „Potenzial" um Schaden anzurichten, verstehen.

Die größte Täuschung in jedem Konflikt besteht darin, die Fähigkeiten deines Feindes zu unterschätzen, und wir wollen nicht in diese

Falle tappen. Folgendes zu wissen, wird dir helfen:

Dein Feind ist mächtig:
„Denn unser Kampf richtet sich nicht wider Fleisch und Blut, sondern wider die Herrschaften, wider die Gewalten, wider die Weltbeherrscher dieser Finsternis, wider die geistlichen Mächte der Bosheit in den himmlischen Regionen." (Epheser 6,12)

Dieser Vers gibt dir ein Bild von der Natur des Feindes. Es präsentiert uns ein organisiertes System des Bösen. Wörter wie „Gewalten" und „Mächte" geben dir ein Bild davon, dass du dich nicht auf einen Scherz einlässt. Ich möchte, dass du verstehst, dass dein Feind mächtig ist; bei uns Menschen kann keiner mit seiner kraft mithalten.

Dein Feind ist erbittert und grausam:
„Denn Jesus hatte dem unreinen Geiste geboten, von dem Menschen auszufahren; denn er hatte ihn schon lange Zeit in seiner Gewalt, und man hatte ihn mit Ketten gebunden und mit Fußfesseln verwahrt. Aber er zerriß die Bande und wurde vom Dämon in die Wüste getrieben." (Lukas 8,29)

„Und siehe, ein Geist ergreift ihn, und plötzlich schreit er, und er reißt ihn hin und her, daß er schäumt, und will kaum von ihm weichen, ohne ihn gänzlich aufzureiben." (Lukas 9,39)

Satan und seine Heerscharen sind keine Freunde der Menschheit. Sie werden jede Gelegenheit nutzen, um ihre Wildheit und Grausamkeit bis zu einem gewissen Grad zu demonstrieren. Du hast es mit einem Feind zu tun, dessen ultimative Absicht es ist, zu verletzen. Die Bibel sagt, dass er „nur kommt, um zu stehlen, zu töten und zu verderben." (Johannes 10,10)

Dein Feind ist bösartig:
„Und siehe, da kam ein heftiger Wind drüben von der Wüste her und stieß an die vier Ecken des Hauses, so daß es auf die jungen Leute stürzte und sie starben; ich aber bin davongekommen, nur ich allein, daß ich es dir anzeige!" (Hiob 1,19)

"Satan antwortete dem HERRN und sprach: Haut für Haut; und alles, was der Mensch hat, gibt er für sein Leben." (Hiob 2,4)

Du hast einen Feind, der alles tut, um deinen Vater gegen dich aufzubringen. Diese Aussagen Satans sollten weder Gott noch Hiob wertschätzen, sondern waren in böswilliger Absicht. Seine einzige Disposition ist es, Schaden und Verlust zuzufügen.

Dein Feind ist hinterlistig:
„Ziehet die ganze Waffenrüstung Gottes an, damit ihr den Kunstgriffen des Teufels gegenüber standzuhalten vermöget." (Epheser 6,11)
„Und das ist kein Wunder, denn der Satan selbst verkleidet sich in einen Engel des Lichts." (2. Korinther 11,14)

Du hast einen gerissenen, schlauen, trügerischen und verführerischen Feind. Die Bibel spricht über seine List. Seine hauptsächliche Operationsmethode ist Täuschung, clever erfundene Pläne, die eingesetzt werden, um deine kostbare Seele wegzulocken. Er hätte nichts dagegen, sich als Engel des Lichts zu verkleiden. Er hätte nichts dagegen, scheinbar gute Angebote zu machen. Denke daran, dass er diese Raffinesse gegen Eva eingesetzt hat.

„Aber die Schlange war listiger als alle Tiere des Feldes, die Gott der HERR gemacht hatte; und sie sprach zum Weibe: Hat Gott wirklich gesagt, ihr dürft nicht essen von jedem Baum im Garten?" (1. Buch Mose 3,1)
„Ich fürchte aber, es könnten, wie die Schlange mit ihrer List Eva verführte, so auch eure Sinne verdorben und von der Einfalt gegen Christus abgelenkt werden." (2. Korinther 11,3)

Satan weiß, dass kein nachdenkender Mensch seine Ideen jemals kaufen würde. Daher ist die einzige Möglichkeit für ihn, zu operieren und sich durchzusetzen, durch List.

Dein Feind ist unruhig:
1. Petrus 5,8 und Hiob 1,7 lassen uns wissen, dass Satan rastlos ist, immer am Werk. Der Herr Jesus Christus beschrieb ihn in einem Gleichnis und

sagte: „Während aber die Leute schliefen, kam sein Feind..." (Matthäus 13,25)

Das sagt dir, dass dein Feind nicht schläft. Er macht keinen Urlaub. Jeder andere Mensch darf ruhen, aber nicht Satan, der Teufel. Er sucht nach neuen Wegen, um seine Mission zu erfüllen.

Dein Feind ist gewagt:

„Es begab sich aber eines Tages, da die Söhne Gottes vor den HERRN zu treten pflegten, daß auch der Satan unter ihnen kam." (Hiob 1,6)
„Darauf nimmt ihn der Teufel mit sich in die heilige Stadt und stellt ihn auf die Zinne des Tempels undd spricht zu ihm: Bist du Gottes Sohn, so wirf dich hinab." (Matthäus 4,5-6a)

Dein Feind ist eine schamlos mutige Kreatur, die es sogar wagt, sich dem König des Universums zu nähern, um sich als Sohn darzustellen, obwohl er rebellierte und sich weigerte, Buße zu tun. Würdest du denken, dass er nicht nur ein- oder zweimal versuchen würde, den Sohn Gottes zu täuschen? Es gibt nichts, was Satan nicht versuchen würde, um dich in seine Falle zu locken. Er kann ohne Scham sehr mutig sein.

Überschätze ihn nicht!

Bisher scheine ich dir nur die Stärken deines Feindes vorgestellt zu haben. Um einen Krieg leichter zu gewinnen, musst du versuchen, sowohl die Stärken als auch die Schwächen deines Feindes zu verstehen. So gut es ist, den Feind nicht zu unterschätzen, so gut ist es auch, ihn nicht zu verherrlichen. Wenn du seine Schwächen verstehst, erhaltest du Anweisungen, wo, wann und wie du zuschlagen musst. Schauen wir uns seine Schwächen im nächsten Abschnitt an.

Dein Feind ist gefallen:

„Und es entstand ein Kampf im Himmel: Michael und seine Engel kämpften mit dem Drachen. Auch der Drache und seine Engel kämpften; aber sie siegten nicht, und es wurde für sie kein Platz mehr gefunden im Himmel. So wurde geworfen der große Drache, die alte Schlange, genannt der Teufel und der Satan, der den ganzen Erdkreis verführt, geworfen wurde er auf die Erde, und seine Engel wurden mit ihm geworfen."

(Offenbarung 12,7-9)

„Da sprach er zu ihnen: Ich sah den Satan wie einen Blitz vom Himmel fallen." (Lukas 10,18)

Satans primäres Ziel war Gott, aber weil er dem allmächtigen, omnipotenten Herrn der himmlischen Heerscharen nicht gewachsen war, wurde er von Erzengel Michael und seinem Heer von Engeln besiegt. „Aber er war nicht stark genug", so lautete damals wie heute die Beschreibung des Gegners. Er ist nicht stark genug, um gegen den Herrn der Heerscharen zu kämpfen oder sich ihm entgegenzustellen. Ich möchte, dass du weißt, dass er seinen Platz im Himmel, seinen Ort der Autorität, seine Bekanntheit und seine Anerkennung verloren hat. Er ist ein gefallener Prinz. Er wurde „in <u>Ungnade</u> vom Berg Gottes" und „von den feurigen Steinen" durch den Vater wegen seiner Sünde <u>vertrieben</u> (siehe Hesekiel 28,16, meine Hervorhebung hinzugefügt).

Der einzige Grund, warum er irgendein Mandat auf Erden hat, ist, weil der Mensch ihm ein Verabredung gibt. Wenn der Mensch sich weigern würde, eine Verabredung mit Satan zu haben, dann wird der Teufel aufhören, irgendein operatives Mandat auf dem Planeten Erde zu haben. So wie er vom Himmel auf die Erde geschleudert wurde, so wird er auch von der Erde in den Feuersee geschleudert werden.

Dein Feind ist entwaffnet:

„Als er so die Herrschaften und Gewalten auszog, stellte er sie öffentlich an den Pranger und triumphierte über sie an demselben." (Kolosser 2,15)

Satan wurde am Kreuz vom Friedensfürsten entwaffnet. Er hat dem Heiligen nichts zu schaden als das, was ihm der Heilige törichterweise gibt. So wie Satan keine Autorität hat außer dem, was ihm der Mensch gibt, hat er keine Waffe außer dem, was der Mensch ihm gibt. Deshalb sucht er die Treue des Menschen, um voll zu funktionieren. Er ist wie ein Soldat, der ein Gewehr ohne Patronen trägt. Er mag sich als voll bewaffnet präsentieren, aber die Wahrheit ist, dass er überhaupt nicht bewaffnet ist. Er kann nur das nutzen, was du ihm überlässt, ohne welches er machtlos bleibt. Dein Feind mag Front machen, aber das Wissen um die Tatsache, dass er entwaffnet wurde, bewahrt dich vor Panik.

Kapitel 3

Den Feind verstehen: seine Aktivitäten

Er ist ein Ankläger

Die Bibel bezeichnet ihn als Ankläger der Heiligen. **"Denn gestürzt wurde der Verkläger unsrer Brüder, der sie vor unsrem Gott verklagte Tag und Nacht." (Offenbarung 12,10b)**

Satan sucht nach jeder Gelegenheit, den Gläubigen vor seinem himmlischen Vater anzuklagen. Er wird vor nichts zurückschrecken, um seinen Fall echt erscheinen zu machen. Die Bibel sagt, dass er dies „Tag und Nacht" tut, was sich auf die fortwährende Natur seiner Anklagen bezieht. Eine gute Veranschaulichung dafür finden wir im Buch Hiob und anschaulicher im Buch Sacharja:

„Und er ließ mich sehen den Hohenpriester Josua, stehend vor dem Engel des HERRN; und der Satan stand zu seiner Rechten, um ihn anzuklagen." (Sacharja 3,1)

Warum stand Satan da, um ihn anzuklagen? Weil er schmutzige Kleidung trug! Schmutzige Kleider stehen für unsere Missetaten und Taten der Ungerechtigkeit; sie repräsentieren unsere Sünden und Fehler. Wenn es etwas gibt, was Satan ausnutzen würde, dann wenn ein Gläubiger unbesonnen lebt.

Erinnerst du dich, was der Herr der Herrlichkeit gesagt hat, als er auf Erden war? **„Ich werde nicht mehr viel mit euch reden; denn es kommt der Fürst dieser Welt, und in mir hat er nichts." (Johannes 14,30)**

Satan wird immer zu uns kommen, aber selbst wenn er so oft kommt, wie er will, lass ihn nichts in uns finden, womit er uns vor dem Richter des Universums anklagen könnte. Lasse es von dir und mir gesagt werden, dass **„das Gesetz der Wahrheit war in seinem Munde, und nichts Verkehrtes wurde auf seinen Lippen erfunden; er wandelte mit mir friedsam und rechtschaffen, und viele brachte er zur Umkehr von der Missetat." (Maleachi 2,6)**

Er sät Disteln (Unkraut, Dornen)

„Während aber die Leute schliefen, kam sein Feind und säte Unkraut mitten unter den Weizen und ging davon." (Matthäus 13,25)

Unkraut, Dornen und Disteln in der Schrift stellen das dar, was von Gott unerwünscht ist. Alles, was gefälscht ist und dazu neigt, das Gedeihen des Authentischen zu verhindern, wird durch eines der oben genannten repräsentiert.Sünde, Streit, Verwirrung, Streit, Hass, Verleumdung usw. sind Unkraut auf Gottes Feld. Dies sind das Werk Satans. Wie jeder Bauer wird Satan jedoch seine Samen nicht dort säen, wo er weiß, dass sie nicht wachsen können. Wir werden schuldig, wenn unser Leben zu einem fruchtbaren Boden für Satan wird, um sein Unkraut, Dornen und Disteln zu kultivieren.

Die Bibel sagt: **„Denn ein Erdreich, welches den Regen trinkt, der sich öfters darüber ergießt und nützliches Gewächs hervorbringt denen, für die es bebaut wird, empfängt Segen von Gott; welches aber Dornen und Disteln trägt, ist untauglich und dem Fluche nahe, es wird zuletzt verbrannt." (Hebräer 6,7-8)**

Erlaube mir, dir eine Frage zu stellen, auf die du dich ehrlich antworten sollst: Ist dein Leben ein fruchtbarer Boden für Satan, um seine Übel unter dem Volk Gottes zu kultivieren? Bist du ein Nährboden für Streit, Klatsch, Streit etc.? Hast du dich dem Teufel verkauft, um seine Werkstatt zu sein?

Er stiehlt das Wort

„So oft jemand das Wort vom Reiche hört und nicht versteht, so kommt der Böse und raubt das, was in sein Herz gesät ist. Das ist der, bei welchem es an den Weg gestreut war." (Matthäus 13,19)

„Die am Wege sind die, welche es gehört haben; darnach kommt der Teufel und nimmt das Wort von ihren Herzen weg, damit sie nicht zum Glauben gelangen und gerettet werden." (Lukas 8,12)

Der Pfad steht also für oder repräsentiert das ungeschützte Herz, das Herz, das einfach allem erlaubt, Zugang zu ihm zu haben. Weißt du, einfach alles kann einen Weg entlang gehen, von Tieren zu Vögeln, sowohl reine als auch unreine. Somit repräsentiert der Pfad das unbewachte, unselektive Herz. Auch hier ist der Boden auf jedem Weg härter als der umgebende Boden. Dies impliziert auch, dass der Pfad das verhärtete Herz darstellt, in das nichts eindringen oder darin verborgen werden kann.

Es ist an der Zeit, dein Herz zu untersuchen, um zu wissen, welcher Art es ist! Satan hat nur Zugang zum unbewachten und verhärteten Herzen. Du sollst wissen, er bestiehlt nur das Herz, das das gepredigte Wort nicht versteht. Verständnis ist das, was das Wort im Herzen eines Menschen verbirgt, aber wenn das Herz verhärtet ist, kann nichts darin verborgen werden.

Die Bibel sagt: „Mehr als alles andere behüte dein Herz..." (Sprüche 4,23) Diese Anweisung nicht zu beachten bedeutet, Satan freien Zugang zu geben, um das zu stehlen, was in das Herz gesät ist.

Er verdreht die Schriften

Wenn der Teufel das Wort nicht aus dem Herzen stehlen kann, versucht er, ihm eine Fehlinterpretation zu geben, die seinen Plänen entspricht.

„Darauf nimmt ihn der Teufel mit sich in die heilige Stadt und stellt ihn auf die Zinne des Tempels und spricht zu ihm: Bist du Gottes Sohn, so wirf dich hinab; denn es steht geschrieben: «Er wird seinen Engeln deinethalben Befehl geben, und sie werden dich auf den Händen tragen, damit du deinen Fuß nicht etwa an einen Stein stoßest.»" (Matthäus

4,5-6)

Denke an all die Sekten, die aufgrund von Fehlinterpretationen und Perversionen der Schriften entstanden sind. Das ist nichts anderes als das Werk Satans. Wenn er dich nicht vom Glauben abhalten kann, wird er dich dazu bringen, seinen Lügen zu glauben, die oft auf seiner Perversion der Schrift beruhen.

Er widersetzt sich dem Werk Gottes

„In welchen der Gott dieser Welt die Sinne der Ungläubigen verblendet hat, daß ihnen nicht aufleuchte das helle Licht des Evangeliums von der Herrlichkeit Christi, welcher Gottes Ebenbild ist." (2. Korinther 4,4)

„Darum wollten wir auch zu euch kommen, ich Paulus einmal, sogar zweimal, und Satan hat uns verhindert." (1. Thessalonicher 2,18)

Von dem Zeitpunkt an, als der Teufel in völliger Schande aus dem Himmel vertrieben wurde, entschied er, dass er gegen Gottes Pläne und Absichten für das Universum arbeiten würde. Sein erster Versuch war in Eden, als es ihm gelang, den Menschen dazu zu bringen, gegen Gott zu rebellieren. Heute arbeitet er aktiv daran, zu verhindern, dass sich das Evangelium in die verschiedenen Teile des Planeten ausbreitet. Er blendet den Verstand der Menschen, damit sie das Licht des Evangeliums Jesu nicht sehen und gerettet werden. Er stiehlt auch das Wort, das in die Herzen der Menschen gesät ist. Der Teufel hindert auch Diener Gottes, wenn er kann, daran, dieses Evangelium auf neue Böden zu tragen.

Er hält die Menschen gefesselt

„Diese aber, eine Tochter Abrahams, die der Satan, siehe, schon achtzehn Jahre gebunden hielt, sollte nicht von diesem Bande gelöst werden am Sabbattag?" (Lukas 13,16)

Unzählige Menschen haben einen größeren Teil ihres Lebens in Satans Gefängnis der Qualen verbracht. Noch immer werden viele im Königreich der Finsternis gefangen gehalten. In dem einen oder anderen Aspekt ihres Lebens finden sie sich an Krankheiten, Flüche, Sucht, Armut, Versagen, Ungehorsam usw. gebunden. Der Teufel ist ein grausamer Zuchtmeister, der sich daran erfreut, diejenigen zu quälen, die sich weigern, ihm von ganzem Herzen zu dienen. Siehst du die Anzahl der Menschen, die an die eine oder andere Form der Sucht gebunden sind? Das ist das Werk Satans. Hast du jemanden gesehen, der durch Krankheit und schlechte Gesundheit gefesselt war? Das ist das Werk Satans. Hast du jemanden gesehen, der an sinnliches Vergnügen gebunden ist? Das ist das Werk Satans. Hast du jemanden gesehen, der zur Rebellion verpflichtet ist? Das ist das Werk Satans.

Nachdem wir den Feind und seine Aktivitäten aufgedeckt haben, müssen wir als Nächstes sehen, wie wir unsere von Gott gegebenen Strategien und Ressourcen einsetzen können, um den Sieg über ihn zu „erringen" und aufrechtzuerhalten. Um diese Ressourcen jedoch effektiv einzusetzen, musst du deine Autorität über ihn verstehen. Der König der Herrlichkeit sagte: **„Siehe, ich habe euch Vollmacht verliehen, auf Schlangen und Skorpione zu treten, und über alle Gewalt des Feindes; und nichts wird euch beschädigen."** (Lukas 10,19)

Denke daran, dass ich zuvor gesagt habe, dass Satan nur die Autorität haben kann, auf der Erde zu arbeiten, weil der Mensch ihm diese Autorität gegeben hat. Heute hat er nur sein einziges Mandat, weil man mit ihm sich verabredet. Für den Gläubigen hat uns der Herr Jesus die Autorität gegeben, die er sowohl über die Himmel als auch über die Erde hat. Denke daran, dass er sagte: **„Mir ist gegeben alle Gewalt im Himmel und auf Erden"** (Matthäus 28,18)

Es ist die gleiche Autorität, die er uns gegeben hat, um auf Satan und seinen Werken herumzutrampeln. Gott gab uns Vollmacht, alle Macht des Feindes zu überwinden – seine Macht, Leben zu nehmen, seine Macht, Krankheiten zuzufügen, seine Macht, Verwirrung zu säen und Streit zu verursachen, seine Macht, das Evangelium zu behindern – ja all seine Macht. Das ist die Autorität, die wir, du und ich, haben, solange wir uns weigern, irgendetwas mit dem Teufel und seinen Werken und Plänen und Ideen zu tun zu haben. Dadurch behalten wir unsere Autorität über ihn.

Kapitel 4

Unser Mandat

„Keiner Waffe, die wider dich geschmiedet ist, wird es gelingen; und alle Zungen, die sich wider dich vor Gericht erheben, wirst du Lügen strafen. Das ist das Erbteil der Knechte des HERRN und ihre Gerechtigkeit, die ihnen von mir zuteil wird, spricht der HERR." (Jesaja 54,17)

„Die Frommen sollen frohlocken vor Herrlichkeit, sie sollen jauchzen auf ihren Lagern; das Lob Gottes sei in ihrem Mund und ein zweischneidiges Schwert in ihrer Hand, um Rache zu üben an den Völkern, Strafe an den Nationen, um ihre Könige mit Ketten zu binden und ihre Edlen mit eisernen Fesseln, um an ihnen zu vollstrecken das geschriebene Urteil; das ist eine Ehre für alle seine Frommen. Hallelujah!" (Psalm 149,5-9)

Wir sagten, dass Gott für uns vorgesehen hat, zu kämpfen und all das zu besitzen, was er uns seit Grundlegung der Welt verordnet hat. Wir sagten, er hat auch entworfen, dass er jeden Schritt des Kampfes führen muss. Er hat auch die Waffen entworfen, die wir in diesem Kampf einsetzen müssen. Alles in diesem Kampf geht von ihm aus, wird in ihm ausgeführt und endet in ihm. Nun möchte ich, dass ihr unseren Auftrag als Söhne Gottes und Miterben Christi in Bezug auf diesen Konflikt versteht. Aus unserem obigen Vers in Jesaja können wir sofort Folgendes herauslesen:

Der Feind hat Waffen

„Keine Waffe, die wider dich geschmiedet ist…"

Der Teufel setzt seine Waffen nicht willkürlich ein; sie sind speziell geschmiedet (entworfen, ermächtigt und gerichtet gegen) verschiedene Personen unter verschiedenen Umständen, je nach Bedarf. Die Waffen, die er gestern gegen dich eingesetzt hat, sind nicht dieselben Waffen, die er heute gegen dich einsetzen wird. Er versucht, diese Waffen durch Informationen zu verbessern und anzupassen, die ihm von Überwachungsgeistern, Kameras und spirituellen Spionagesatelliten gegeben werden, die er platziert hat, um dich zu überwachen. Er hat sogar menschliche Agenten, die als enge Freunde erscheinen können, die ihn mit Informationen über dich füttern.

Seine Waffen sind auf Versagen ausgelegt

„Keine Waffe, die wider dich geschmiedet ist, wird es gelingen…"

Der Ausgang von allem, was hier auf dem Planeten Erde und im ganzen weiten Universum passiert, wird nicht vom Teufel, sondern von Gott bestimmt. Gott hat das letzte Wort über alles, was in diesem Universum passiert. Was er zulässt, findet statt, und was er nicht zulässt, kann niemals stattfinden. Er hat festgestellt, dass, egal wie ausgeklügelt der Feind seine Waffen konzipiert, keine von ihnen wird ihren beabsichtigten Zweck erfüllen. Sie mögen geplant sein, sie können gegen uns eingesetzt werden, sie können uns erreichen, aber eines ist sicher: dass ihr Zweck, für den sie entwickelt und auf den Markt gebracht wurden, niemals erreicht wird. Es ist, als ob dies ein ewiger Fluch wäre, den der Herr auf alle Waffen des Feindes gelegt hat. Die bösen Absichten seiner Waffen werden vom allmächtigen, souveränen Herrn in seine gute Absicht umgewandelt.

Wir haben den Auftrag zu urteilen

„…alle Zungen, die sich wider dich vor Gericht erheben, wirst du Lügen strafen."

Gott hat uns den Auftrag gegeben, jede Zunge zu widerlegen oder zu richten und zu verurteilen, die vor dem Thronsaal der Gerechtigkeit Gottes Anschuldigungen gegen uns erhebt. Wir haben den Auftrag Satan entgegenzuwirken. Wir haben den Auftrag, alle Beschwörungen, Gemurmel, Verzauberungen, Flüche und alles, was der Feind und seine menschlichen Agenten auf uns werfen mögen, zu beurteilen und zu verurteilen. Aus unserer Passage in den Psalmen können wir Folgendes herauslesen:

Gott hat uns eine Ehre gegeben

„das ist eine Ehre für alle seine Frommen."

Die Ehre besteht darin, dass er dieselben, die der Teufel verführt und versklavt hat, zu denjenigen auserkoren hat durch die er seinen ewigen Plan und seine Absichten verwirklichen wird, schwach wie wir sind in uns selbst. Er hat uns die Ehre gegeben, seine Autorität und Macht über Fürstentümer, Mächte und Scharen von Bosheit auszuüben. Es ist eine Ehre für den sterblichen Menschen, in einen übernatürlichen Konflikt verwickelt zu sein und trotzdem als Sieger hervorzugehen. Dies ist der Plan unseres Vaters, des allmächtigen Gottes.

Wir haben das Mandat, Rache zu üben

„…um Rache zu üben an den Völkern…"

Die Nationen beziehen sich hier auf die Feinde des Volkes Gottes, die Satan, zusammen mit seinem Geist und menschlichen Agenten, sind. Wir haben den Auftrag, die Rache des Himmels an all jenen auszuführen, die das Werk und das Volk Gottes angreifen. Deshalb sagte der Herr Jesus Christus: **„Siehe, ich habe euch Vollmacht verliehen, auf Schlangen und Skorpione zu treten, und über alle Gewalt des Feindes; und nichts wird euch beschädigen." (Lukas 10,19)**

Wenn du mit einer Schlange oder einem Skorpion in Kontakt kommst, ist die erste Reaktion, sie zu töten. Wir sind aufgerufen, alle Werke und Macht des Feindes mit Füßen zu treten. Wir üben Rache, indem wir alle seine

Pläne, Geräte und Pläne blockieren, vereiteln und zunichte machen. Wir üben Rache, indem wir seine Festungen und Bollwerke niederreißen. Wir praktizieren Rache, indem wir seinen Aktionsbereich begrenzen und einschränken. Wir üben Rache, indem wir ihn zur Flucht zwingen.

Wir haben den Auftrag zu bestrafen
„…Strafe an den Nationen…"

Eine Art, jemanden zu bestrafen, ich meine die effektivste Art, besteht darin, die Früchte der Arbeit dieser Person zu zerstören und sicherzustellen, dass man niemals die Früchte seiner Arbeit ernten kann. Es zwingt eine Person, nichts vorweisen zu können, wofür sie gearbeitet hat. Wenn wir Satan und seine Kohorten verurteilen wollen, müssen wir alles richten und zerstören, was er pflanzt.

Wir vollstrecken Gericht, indem wir ihn zwingen, seine Gefangenen loszulassen, ja, indem wir denen, die er angekettet und versklavt hat, Befreiung bringen. Es ist durch das Erzwingen von ihn, Orte zu räumen, an denen er illegalen Besitz beansprucht. Wir vollstrecken ein Urteil über ihn, indem wir die einstweiligen Verfügungen des Himmels über seine Aktivitäten erlassen und durchsetzen. **„Auch bereit sind, jeden Ungehorsam zu rächen…"** (2. Korinther 10,6)

Lasst uns über seine Werke Gericht halten, indem wir Flüche brechen, die Kranken heilen, die Unterdrückten befreien und sicherstellen, dass nichts von ihm in und um uns gedeiht.

Wir haben den Auftrag zu binden
„…um ihre Könige mit Ketten zu binden und ihre Edlen mit eisernen Fesseln…"

Wenn du jemanden bindest, schränkst du dessen Aktivitäten, Bewegungen und andere Möglichkeiten ein, seinen freien Willen auszuüben. Uns wurde das Mandat gegeben, die Aktivitäten der Herrscher der Dunkelheit einzuschränken, indem wir sie binden. Wir müssen sie nicht mit unseren physischen Augen sehen und sie mit unseren physischen Händen binden können. Als Könige wird das, was wir mit unseren Lippen verkünden, so in Kraft gesetzt, wie wir es im Glauben an den Namen Jesu Christi verkünden.

Während wir es verkünden, führen Gottes heilige Engel die Befehle aus. Bis zu dem Moment, dass sie gebunden sind, bleiben sie locker und können sich frei bewegen und arbeiten. Es gab Momente, in denen ich Dämonen befohlen habe, an Händen, Hals und Füßen zusammengebunden zu werden, was sie in den schmerzhaftesten Zustand versetzt, besonders wenn sie sich als stur erwiesen haben. Gott hat uns das Mandat gegeben zu binden. Lasst es uns nutzen um die Aktivitäten Satans und seiner Kohorten in unserem individuellen Leben, unserer Umgebung und unseren Kirchen zu binden.

Wir haben den Auftrag, die Entscheidung des Himmels umzusetzen

„…um an ihnen zu vollstrecken das geschriebene Urteil…"

Wir, die Kinder Gottes, sind die Gerichtsvollzieher des Königreichs unseres Vaters, der das ganze Universum regiert. Uns obliegt die Verantwortung, das umzusetzen, was das Gericht des Himmels gegen die Verbrecher des Universums, Satan und seine Dämonen, geschrieben hat. Ich habe ein Buch gelesen, in dem ein okkulter Großmeister, der von Jesus verhaftet wurde und ihm jetzt dient, sagte, dass man ihnen weismachte, dass wir Gläubige die meistgesuchten psychischen Verbrecher seien, die verhaftet und vernichtet werden müssten.

Der Teufel ist in der Tat ein Lügner! Der Herr Jesus Christus nennt ihn den Dieb, der nur kommt, um zu stehlen, zu töten und zu zerstören. Das Urteil des Himmels lautet: Satan ist ein Dieb (Johannes 10,10), ein Mörder (Johannes 8,44), ein Lügner (Johannes 8,44), ein Usurpator (Jesaja 14,13-14) und ein Betrüger (Offenbarung 13,14).

Lassen wir uns die Urteile vollstrecken, die gegen ihn als Dieb geschrieben wurden:

„Der Dieb soll Ersatz leisten; hat er aber nichts, so verkaufe man ihn um den Wert des Gestohlenen." (2. Buch Mose 22,3b)

„Man verachtet den Dieb nicht, wenn er stiehlt, um sein Leben zu fristen, wenn er Hunger hat; wird er ertappt, so muß er siebenfach bezahlen und alles hergeben, was er im Hause hat." (Sprüche 6,30-31)

Wir müssen ihm befehlen, dem Gerichtsbeschluss des Himmels zu gehorchen und alles zurückzugeben, was er gestohlen hat, sei es von dir oder von deinen Verwandten oder von deinen Brüdern. Identifiziere bestimmte Dinge und zwinge ihn im Namen Jesu, sie siebenfach wiederherzustellen. Identifiziere Dinge in deiner Umgebung, die er hat gestohlen hat und befiehl ihm, sie siebenfach zurückzugeben. Das ist die Entscheidung des Himmels und er hat keine andere Wahl, als zu gehorchen.

Du kannst auch andere Gerichtsbeschlüsse vollstrecken lassen, **"Die Gottlosen müssen ins Totenreich kehren, alle Nationen, die Gottes vergessen."** (Psalm 9,17) und **"Denn Gott hat die Engel, die gesündigt haben, nicht verschont, sondern hat sie mit Ketten der Finsternis zur Hölle verstoßen und übergeben, daß sie zum Gericht behalten werden."** (2. Petrus 2,4) Erinnere sie daran, wo sie hingehören und wo sie sein sollen. Sie haben keinen Anspruch auf die Erde, da sie ursprünglich dem Menschen gegeben wurde, um sie zu bewohnen und zu füllen, und nicht, dass Dämonen sie infiltrieren und besetzen. Gefallene Engel sollen in düsteren Kerkern der Hölle gefesselt werden. Ihre Invasion der Erde und die Verwüstung, die sie im Leben der Menschen anrichten, sind illegal. Erinnere sie an das endgültige Gericht, das sie erwartet:

"Und der Teufel, der sie verführte, ward geworfen in den feurigen Pfuhl und Schwefel, da auch das Tier und der falsche Prophet war; und sie werden gequält werden Tag und Nacht von Ewigkeit zu Ewigkeit." (Offenbarung 20,10)

"Und der Tod und das Totenreich wurden in den Feuersee geworfen. Das ist der zweite Tod, der Feuersee." (Offenbarung 20,14)

Kapitel 5

Unsere Verteidigungswaffen

„Denn die Waffen unsrer Ritterschaft sind nicht fleischlich, sondern mächtig durch Gott zur Zerstörung von Festungen." (2. Korinther 10,4)

„Die Waffen, mit denen wir kämpfen…"

Dies zeigt deutlich, dass es Waffen gibt, die wir in diesem Konflikt einsetzen müssen. Dies ist nicht nur ein Meinungs- oder Wortkonflikt, sondern es geht um echte Waffen. Ich möchte, dass du beachtest, dass die Waffen im Plural stehen, was bedeutet, dass es viele Waffen sowohl in Art als auch in Anzahl gibt. Im Kampf brauchen wir sowohl Verteidigungs- als auch Angriffswaffen. Wir haben bereits gesagt, dass Gott Waffen für uns entworfen hat, die wir in diesem Kampf einsetzen können, während Er uns führt.

Was unsere Waffen nicht sind
„Die Waffen, mit denen wir kämpfen, sind nicht die Waffen der Welt"
„Die Waffen unserer Kriegsführung sind nicht fleischlich."

Denke an alle Kriegswaffen, an die du dich vorstellen kannst, von den rudimentärsten bis zu den raffiniertesten. In diesem Krieg, in den wir verwickelt sind, wird keine dieser Waffen funktionieren. Deshalb greifen wir nicht zu den Waffen, um das Evangelium Jesu zu verbreiten. Physische Waffen werden Satan und seinen Dämonen keinen Schaden zufügen. Die Waffen, die wir benutzen, können weder mit dem natürlichen Auge gesehen noch mit den physischen Händen berührt werden. Du kannst nicht in ein Waffengeschäft gehen, um Waffen zu kaufen. Du kannst sie nicht aus Russland, Frankreich, Großbritannien oder dem Iran bestellen. Sie sind nicht die Waffen des Fleisches; Verleumdung, Streit, Betrug, Brutalität etc.; all diese Dinge werden stattdessen die eigene Effektivität in diesem Kampf behindern.

Die Möglichkeiten unserer Waffen
„Sie haben göttliche Macht, Festungen zu zerstören"

Die Waffen, die wir verwenden, sind unsichtbare Waffen mit der Kraft Gottes in ihnen. Sie sind vollgepackt mit Macht und Fähigkeit, jede satanische Festung zu zerstören, wo immer sie auch sein mag. Ob in der Luft, an Land, im Meer, unter der Erde, im Meer oder im Weltall.

Diese Waffen haben eine besondere Durchschlagskraft, um jedes Verteidigungssystem zu durchbrechen, das der Feind unentdeckt und ungehindert errichtet. Wenn nichts den Herrn aufhalten kann, dann kann nichts diese von Gott hergestellten, göttlich ermächtigten Waffen aufhalten, die uns zur Verfügung gestellt werden. Wir müssen jedoch entsprechend ausgebildet sein, um diese Waffen effizient und effektiv einsetzen zu können. Unabhängig von den Möglichkeiten einer Waffe, wenn derjenige, der sie benutzt, ihren Gebrauch nicht beherrscht, wird sie nichts erreichen oder sogar nach hinten losgehen.

Der Psalmist sagte: „Er lehrte meine Hände streiten und meine Arme den ehernen Bogen spannen." (Psalm 18,34)
„Gelobt sei der HERR, mein Fels, der meine Hände geschickt macht zum Streit, meine Finger zum Krieg." (Psalm 144,1)

Jeder von uns muss sich in Gottes Schule für geistliche Kriegsführung einschreiben und die Schulung durchlaufen, die uns der Heilige Geist vorschreibt. Es ist jedoch eine Schule, die niemand in diesem Leben abschließt. Du kannst nur Fortschritte machen. Mit jedem Tag wird der Heilige Geist dir neue Kriegsstrategien offenbaren und dir jede neue Waffe zur Verfügung stellen, die du für jede Phase des Konflikts benötigst. Derjenige, der die Lektionen lernen muss, ist derjenige, der bereit ist, jede Anweisung des Oberbefehlshabers zu befolgen. Du musst dich Gott in diesem Kampf vollständig zur Verfügung stellen.

Was unsere Waffen sind

Wir haben vorhin gesagt, dass wir sowohl Verteidigungs- als auch Angriffswaffen haben. Eine siegreiche Armee ist sowohl in der Defensive als auch in der Offensive stark. Jeder Defekt in einem der oben genannten Bereiche bedeutet Anfälligkeit für Niederlagen.

Unsere Verteidigungswaffen

Der Herr hat uns mehrere Verteidigungswaffen zur Verfügung gestellt, die wir in allgemeine Verteidigungswaffen und persönliche Verteidigungswaffen einteilen können.

Mit allgemeinen Waffen meine ich jene Dinge, die der Herr in seiner Souveränität durch einen einfachen Akt des Glaubens allen Seinen zur Verfügung stellt; jeden, der den Namen des Herrn nennt. Täglich kannst du aufstehen und diese einfach durch den Glauben beanspruchen.

Mit persönlichen Verteidigungswaffen meine ich jene Dinge, die der Herr dem Gläubigen durch Akte des Gehorsams zur Verfügung gestellt hat. Der Gläubiger hat die Verantwortung, diese anzuziehen. Das Allgemeine kann sogar für eine Gruppe wirken, aber das Persönliche ist für Einzelpersonen. Mehrere Personen können in einen Kampf verwickelt sein. Einige erleiden Verletzungen, andere nicht, abhängig nicht nur von ihren Kampffähigkeiten, sondern auch von ihren Verteidigungswaffen.

Allgemeine Verteidigungswaffen

1. Das Blut des Lammes

Das Blut des Lammes kann vom Gläubigen als Bedeckung verwendet werden. Du musst beten und den Herrn bitten, dich mit dem Blut Jesu zu bedecken. Oft, wenn ich ins Bett gehe oder in den Tag hineinkomme, bitte ich den Herrn, mich mit einem Meer aus dem Blut des Lammes zu bedecken. Eine Parallele dazu zeigt sich im Fall der Israeliten in der Nacht ihres Auszugs aus Ägypten, als der Herr sie aufforderte, das Blut zu verwenden, damit der Vernichtungsengel über sie hinweggeht. Diejenigen, die aus dem Satanismus herausgekommen sind, haben oft bezeugt, dass sie Gläubige vorgefunden haben, die mit einem Meer aus Blut bedeckt waren, so dass sie nicht erreicht werden konnten.

2. Feuer

„Und ich selbst, spricht der HERR, will eine feurige Mauer um sie her und Herrlichkeit in ihrer Mitte sein." (Sacharja 2,5)

Der Herr hat verheißen, eine Feuerwand zu stellen rund um diejenigen, die ihm gehören. Du musst dich dieses Verteidigungsmittel des Glaubens täglich aneignen.

Wenden wir uns einer anderen Schriftstelle zu, aus der wir andere Verteidigungswaffen erhalten.

„Von dem Knecht des HERRN, von David, welcher dem HERRN die Worte dieses Liedes sang, an dem Tage, da der HERR ihn aus der Hand aller seiner Feinde errettet hatte, auch aus der Hand Sauls. Er sprach: Ich will dich von Herzen lieben, HERR, meine Stärke! Der HERR ist meine Felsenkluft, meine Burg und meine Zuflucht; mein Gott ist ein Fels, darin ich mich berge, mein Schild und das Horn meines Heils, meine Festung." (Psalm 18,1-2)

3. Der Herr, dein Fels

Täglich wirst du den Herrn als den Felsen beanspruchen müssen, auf dem du stehst, während du diesen Kampf kämpfst. Du kannst ihn als den Felsen beanspruchen, auf den du dich stützt, wenn du den Krieg gegen feindliche Streitkräfte führst. Auf dem Felsen zu stehen gibt dir nicht nur einen sicheren Stand, sondern hebt dich auch hoch über die Feinde, die dich umgeben.

4. Der Herr, deine Festung

Eine Festung ist ein mächtiger, hochbefestigter sicherer Hafen vor jeder Angriffsform des Feindes. Wer sich in einer Festung aufhält und von dort aus Angriffe startet, ist außerhalb der Reichweite der Waffen seiner Gegner. Mache dir den Herrn täglich zu deiner Festung.

5. Der Herr, dein Schild

„Aber du, HERR, bist ein Schild um mich, meine Ehre und der mein Haupt emporhebt." (Psalm 3,3)
Beanspruche den Herrn täglich als deinen Schild, links, rechts, vorne und hinten, über und unter dir. Denke daran, dass der Schild, der er für dich ist, sich nicht abnutzt, so wie der Herr unveränderlich ist. Alles, was du tun musst, ist die Anwesenheit dieses Verteidigungsschildes um dich herum zu beanspruchen.

6. Der Herr, dein Bollwerk

Ein Bollwerk ist eine Festung in kleinerem Maßstab, bietet aber den gleichen Schutz, da sie wie eine Festung für den Feind nicht leicht zugänglich ist.

7. Die Federn des Herrn

„Ja, er wird dich erretten von der Schlinge des Voglers und von der verderblichen Pest; er wird dich mit seinem Fittich decken, und unter seinen Flügeln wirst du dich bergen; seine Treue ist Schirm und Schild." (Psalm 91,3-4)
Wie ein Küken Unterschlupf und Schutz unter den Federn und Flügeln der Mutterhenne findet, so kannst du Unterschlupf unter den Flügeln des Herrn

finden. Du kannst den Herrn bitten, dich mit seinen Flügeln zu bedecken und dich vor den Angriffen des Feindes zu schützen. Es ist dein Recht als Kind Gottes, aber du musst es dir täglich aneignen.

8. Die Engel des Herrn

„Denn du sprichst : Der HERR ist meine Zuflucht! Den Höchsten hast du zu deiner Schutzwehr gemacht; es wird dir kein Unglück zustoßen und keine Plage zu deinem Zelte sich nahen; denn er hat seine Engel für dich aufgeboten, daß sie dich behüten auf allen deinen Wegen." (Psalm 91,9-11)

Als Gesandter des Königreichs in dieser Welt hast du Anspruch auf Leibwächter aus deinem Heimatland. Sie haben die Verantwortung, dich vor allem Schaden zu schützen. Du musst nur täglich dein Bedürfnis nach ihnen anerkennen und ihnen die Zustimmung geben, dich zu beschützen.

Nachdem wir uns nun die allgemeinen Verteidigungswaffen angesehen haben, ist es an der Zeit, uns den persönlichen Verteidigungswaffen zuzuwenden.

Persönliche Verteidigungswaffen

1. Der Gürtel der Wahrheit

„So stehet nun, eure Lenden umgürtet mit Wahrheit." (Epheser 6,14a)

Die Verpflichtung des Gläubigen, die Wahrheit zu kennen, zu sprechen und in ihr zu wandeln, ist eine persönliche Verteidigungswaffe gegen die Täuschungen des Teufels. Deine Liebe zur Wahrheit und Dein Engagement für die Wahrheit wehren die Pfeile der Täuschung des Feindes ab. Nichts setzt dich den Angriffen des Bösen aus wie die Lüge in alle seine Manifestationen. Wenn du dich nicht der Wahrheit verpflichtet fühlst, wirst du in den Reißzähnen der großen Schlange der Täuschung landen. Die Bibel sagt

„Ihn, dessen Auftreten nach der Wirkung des Satans erfolgt, unter Entfaltung aller betrügerischen Kräfte, Zeichen und Wunder und aller Verführung der Ungerechtigkeit unter denen, die verlorengehen, weil sie die Liebe zur Wahrheit nicht angenommen haben, durch die sie hätten gerettet werden können." (2. Thessalonicher 2,9-10)

2. Der Brustpanzer.

Der Brustpanzer ist eine Metallplatte, die auf der Brust getragen wird, um die Brusthöhle und die darin befindlichen Organe zu schützen. Es gibt zwei Arten von Brustpanzern, die du anlegen musst:

i. Der Brustpanzer der Gerechtigkeit

„Mit dem Panzer der Gerechtigkeit" (Epheser 6,14b)

Eine Verpflichtung zu und Praxis der Rechtschaffenheit gibt dir Schutz für die lebenswichtigen Organe deines geistlichen Lebens. Genauso wie du ein physisches Herz und Lungen hast, hast du auch ein spirituelles Herz und Lungen. Deine Praxis der Rechtschaffenheit wird alle feindlichen Pfeile abwehren, die auf diese lebenswichtigen Organe gerichtet sind, um dich spirituell zu erhalten.

ii. Der Brustpanzer der Liebe

„Wir aber, die wir dem Tage angehören, wollen nüchtern sein, angetan mit dem Panzer des Glaubens und der Liebe und mit dem Helm der Hoffnung des Heils." (1. Thessalonicher 5,8)

Deine Hingabe an die Praxis der Liebe, wie sie in 1. Korinther 13 beschrieben wird, wird auch als Brustpanzer dienen, um deine spirituellen, lebenswichtigen Organe zu schützen. Liebe ist eine sichere Verteidigung gegen alle Arten von feindlichen Pfeilen. Liebe ist der Schlüssel, um spirituell lebendig zu bleiben.

3. Die Stiefel des Evangeliums.

„Und die Füße gestiefelt mit Bereitwilligkeit, die frohe Botschaft des Friedens zu verkündigen." (Epheser 6,15)

Du brauchst Stiefel, um auf unserem Schlachtfeld gehen und laufen zu können. Unser Herr sagte, wir werden auf Schlangen und Skorpionen treten. Barfuß auf ihnen zu treten bedeutet, unnötige Risiken einzugehen. Unsere Bereitschaft, das Evangelium zu predigen, sind die Stiefel, die wir brauchen, um sicher auf den Schlangen und Skorpionen zu treten, die zu zertrampeln wir beauftragt wurden. Dein Grad der Bereitschaft, das Evangelium zu predigen, bestimmt, wie solide und passend deine Stiefel sind.

4. Der Schild des Glaubens.

„Bei dem allen aber ergreifet den Schild des Glaubens, mit welchem ihr alle feurigen Pfeile des Bösewichts auslöschen könnet." (Epheser 6,16)

Wenn es darum geht, dass der Glaube als Schild für dich funktionieren sollte, kann das der Glaube von niemand außer Gott tun. Der Glaube an Gott, der Glaube an das vollendete Werk des Kreuzes, der Glaube an das, was Gott sagt, dass du bist, der Glaube an die Verheißungen Gottes und an deinen Sieg über Satan werden wie ein mächtiger Schild wirken, der gegen die bösen Pfeile geschwungen wird, die gegen dich gesandt werden. Es wird alle feurigen Pfeile des Feindes stoppen und auslöschen.

5. Der Helm.

    i.   Der Helm des Heils

„Und nehmet den Helm des Heils." (Epheser 6,17a)
„Wir aber, die wir dem Tage angehören, wollen nüchtern sein, angetan mit dem Panzer des Glaubens und der Liebe und mit dem Helm der Hoffnung des Heils." (1. Thessalonicher 5,8)

Der Zweck des Helms ist es, unseren Geist vor allen Formen feindlicher Angriffe zu schützen. Dieser Helm der Erlösung ist die Hoffnung! Die Hoffnung, dass dein Körper eines Tages erlöst wird, die Hoffnung, deinen Retter und Herrn zu sehen, die Hoffnung auf dein Zuhause im Himmel, die Hoffnung, dass du eines Tages völlig frei von allen Angriffen Satans und seiner Heerscharen sein wirst. All das wird als schützende Hülle über deinem Geist vor jedem eindringenden Gedanken des Feindes wirken, um dich vor Entmutigungen und Depressionen zu schützen.

ii. Der Helm der Frucht des Geistes.

„Gilead ist mein, und Manasse ist mein, Ephraim ist meines Hauptes Wehr, Juda mein Herrscherstab." (Psalm 60,7)

Der Herr sagte, Ephraim sei sein Helm. Nun, Ephraim will doppelt fruchtbar sein. Von uns wird erwartet, dass wir die Frucht des Geistes tragen. Wenn wir die Frucht des Geistes tragen, wird sie uns mit einer schützenden Hülle über unserem Geist ausstatten. Wenn du dich die Frucht des Geistes genau ansiehst, dann wirst du feststellen, dass das Gegenteil von jedem Frucht ein Laster ist. Laster bieten dämonischen Angriffen offene Türen, weil sie die Werke des Fleisches darstellen, die für den Feind in dem Geist, der sie beherbergt, sichere Zufluchtsorte sind.

Nachdem wir nun unsere Verteidigungswaffen untersucht haben, werfen wir im nächsten Kapitel einen Blick auf unser Angriffsarsenal.

Kapitel 6

Unsere Angriffswaffen

1) Der Name des Herrn:

Jede Waffe, die du in diesem Krieg einsetzt, ist nur im Namen des Herrn Jesus wirksam. Der Name des Herrn ist jedoch an sich schon eine mächtige Waffe gegen den Feind. Es macht ihn handlungsunfähig und lässt ihn sprachlos zurück. Die Erwähnung dieses Namens im Glauben veranlasst ihn (Satan), das zu tun, was er am meisten hasst, sich vor Jesus niederzubeugen. Wir sehen es vielleicht nicht, aber es passiert trotzdem im Geisterreich.

Der Psalmist benutzte diesen Namen gegen seine Feinde, als er sagte

„Alle Nationen haben mich umringt; im Namen des HERRN zerhaue ich sie; sie haben mich umringt, ja, sie haben mich umringt, im Namen des HERRN zerhaue ich sie; sie haben mich umringt wie Bienen; sie sind erloschen wie ein Dornenfeuer; im Namen des HERRN zerhaue ich sie. Du hast mich hart gestoßen, daß ich fallen sollte; aber der HERR half mir." (Psalm 118,10-13)

Eines Nachts, als ich schlief, träumte ich und wurde von einer Gruppe Hexen angegriffen (meistens findet das, was man träumt, tatsächlich im Geisterreich statt). Ich hatte keine Waffe, die ich benutzen konnte, und alles, was ich tat, war, die obigen Verse zu zitieren, und alle flohen. Ich stand sofort auf und versuchte, die Schriftstelle zu finden, die ich benutzt hatte, konnte das aber erst einige Wochen später tun. Jedes Mal, wenn dieser Name aus einem Herzen des Glaubens und unter der Salbung erwähnt wird, wird eine enorme Kraft freigesetzt.

Manchmal möchte der Herr, dass wir andere Waffen in seinem Namen verwenden, und manchmal möchte er, dass wir diesen Namen einfach im Glauben erwähnen, und die gewünschten Ergebnisse werden erzielt. Dies ist, was der Herr mir am dritten Tag eines einundzwanzigtägigen Fastens, das ich vornahm, über seinen Namen sagte:

„Wenn du im Leben nicht mutig und tapfer bist, wirst du gezwungen sein zu fliehen, wenn es eigentlich nichts gibt, wovor du fliehen solltest. Wenn du dich nicht entscheidest, Herausforderungen zu begegnen und ihnen sich zu stellen, musst du oft vor einem imaginären Feind davonlaufen. Messe einen Feind und seine Fähigkeiten nicht aus der Ferne. Sei mutig genug, um auch aus nächster Nähe herauszufordern. Wenn du auf meinen Namen stehst und auf nichts anderes, werden deine Feinde fliehen. Wenn du dich auf mich verlässt und ganz auf meine Kraft vertraust, werden die Schatten, die dich erschrecken, verschwinden. Stehe in der Macht meines Namens und sei mutig, deine Berge anzusprechen. Mein Name ist die größte Waffe, die du hast, denn alles beugt sich und unterwirft sich meinem Namen. Alles bedeutet, ausnahmslos alles. Benutze ruhig meinen Namen! Verwende es mit leiser Stimme! Benutze meinen Namen mit einem Schrei! Es setzt alle Kraft frei, die du dich vorstellen kannst! Es lässt Berge fliehen! Es öffnet Türen! Es soll die Dunkelheit verschwinden lassen! In meinem Namen liegt eine enorme Kraft, nutze sie!"

2) Lob im Mund:

„Das Lob Gottes sei in ihrem Mund und ein zweischneidiges Schwert in ihrer Hand." (Psalm 149,6)

Lobpreis, Danksagung und Anbetung sind Waffen in den Händen des Gläubigen. Das Lob muss im Mund sein und nicht im Herzen. Mit anderen Worten, wenn du Gott nicht das Lob ausspricht, wird es dem Feind keinen Schaden zufügen, obwohl dein Herz mit Lob erfüllt sein mag. Es gibt zu viele Menschen, die loben wollen, aber nicht loben. Bis das Lob deine Lippen erreicht hat und in die Luft hinausgeht, schadet es dem Feind nicht, obwohl Gott sogar das empfangen wird, was dein Herz direkt zum Thron führt.

Ausgesprochener Lobpreis versetzt den Herrn und seine heiligen Engel in den Kampf gegen die Mächte der Finsternis. Erinnerst du dich, was Josaphat und das israelitische Heer taten, als sie einem mächtigen feindlichen Heer gegenüberstanden? Sie lobten nur den Herrn und das war genug, um den Herrn in den Kampf gegen eine riesige Armee zu stellen, und das brachte der Armee von Juda den Sieg.

Oft habe ich diese Waffe während Befreiungssitzungen eingesetzt, besonders wenn sich die Dämonen als stur erwiesen haben und alles andere nicht zu funktionieren schien. Ein Loblied auf den Herrn schickte sie hinaus durch jede Tür, die sie finden konnten.

3) Das zweischneidige Schwert:

„Das Lob Gottes sei in ihrem Mund und ein zweischneidiges Schwert in ihrer Hand." (Psalm 149,6)

„Und nehmet den Helm des Heils und das Schwert des Geistes, nämlich das Wort Gottes." (Epheser 6,17)

Dies ist eine weitere mächtige Waffe, um satanische Festungen niederzureißen, die tief in unseren Gedanken, unserem Leben und unserer Umwelt verankert sind. Der siegreiche Gläubige ist derjenige, der den Gebrauch dieser Waffe gemeistert hat gegen den Teufel und sein Treiben. Wenn du lernst, dem Teufel mit dem im Glauben gesprochenen Wort Gottes zu antworten, wird er gezwungen sein, sich unter allen Umständen zu beugen. Bei meiner Beteiligung an Befreiungen habe ich entdeckt, dass ihre Sturheit gebrochen wird, wenn ich den Ansprüchen von Dämonen über ihre Bewohner mit dem Wort Gottes entgegentrete. Sie sind gezwungen, ihre Ansprüche auf eine Position aufzugeben, in der sie verhandeln wollen. Während ich auf der Schrift beharre, werden sie zu einer flehenden Position und schließlich zur Flucht gezwungen.

Normalerweise plane ich nicht im Voraus, welche Schriftstelle ich verwenden soll, aber der Heilige Geist bewirkt einfach, dass die passende Schriftstelle, die in mir gespeichert ist, nach Bedarf hervorspringt. Dämonen sind sehr schlau! Sie werden dich in eine Position bringen wollen, in der du mit ihnen streiten kannst. Gibst du dieser Verführung nach, die menschliche Logik und Vernunft anzuwenden, um ihren Behauptungen entgegenzutreten, werden sie dich besiegen. Denke daran, dass sie Meister im Lügen sind. Der siegreiche Christ ist derjenige, dessen Herz mit dem Wort Gottes beladen ist. Deine Einstellung zum Wort bestimmt, wie stark oder wie schwach du bist!

4) Das Horn der Erlösung:

„Und hat uns aufgerichtet ein Horn des Heils im Hause seines Dieners David." (Lukas 1,69)
„Das Horn meines Heils, meine Festung." (Psalm 18,2c)
Die Stärke eines Bullen oder Büffels (und jedes anderen gehörnten Tieres) liegt in seinen Hörnern. Wenn der Herr das Horn deiner Errettung ist, dann ist er die Kraft, mit der du den Feind und seine Werke aufspießen kannst. Die „Lebendige Bibel" (The Living Bible) übersetzt diesen Teil des Psalms mit „Er ist mein Schild. Er ist wie das starke Horn eines mächtigen Kampfstiers„".

5) Der Ostwind:

Ich habe den Herrn mehrmals gebeten, seinen Ostwind loszulassen, um die Werke des Feindes hinwegzufegen. Ich bitte ihn, seinen Ostwind unter bestimmten Umständen loszulassen, wenn ich wahrnehme, dass dieser Wind die verheerendsten Auswirkungen haben wird, genau wie ein Hurrikan in der Natur. Ich habe oft den Ostwind des Herrn freigesetzt, um satanische Spionagekameras, Satelliten und Antennen herunterzufahren, die von Satan und seinen Agenten verwendet werden, um bestimmte Situationen zu überwachen. Dies sind einige der vielen Schriftstellen, die zeigen, wie der Ostwind gegen den Feind wirkt:
„Mit Maßen, durch Verbannung, straftest du es; er hat es durch seinen

heftigen Sturm gerichtet, am Tage des Ostwinds." (Jesaja 27,8)

„Ein Ostwind ergreift ihn, und er fährt dahin, er rafft ihn von seiner Stätte hinweg. Schonungslos schleudert Er Geschosse nach ihm, eiligst muß er fliehen vor seiner Hand. Man klatscht mit den Händen über ihn und zischt ihn aus an seinem Ort." (Hiob 27,21-23)

„Deine Schiffleute haben dich über viele Wasser gebracht; ein Ostwind soll dich zerbrechen im Herzen der Meere!" (Hesekiel 27,26)

6) Donner:

Hier in Afrika (und vielleicht auch in anderen Teilen der Welt) greifen Hexen ihre Feinde mit Donner an. Satan versucht nur sein Bestes, um das nachzuahmen, was Gott tut. Wenn du die Bibel liest, erkennst du, dass der Donner eine der Waffen ist, die der Herr oft gegen die Feinde Israels einsetzte, um sie zu vertreiben, zu zerstreuen und in die Flucht zu schlagen. Er benutzte es, um Ägypten und seine Götter zu richten.

Dieselbe Waffe wurde dir zur Verfügung gestellt, um die Werke Satans, seiner Dämonen, menschlichen Agenten und warum nicht den Teufel selbst zu beurteilen? Es gibt Momente, in denen ich den Herrn gebeten habe, seinen Donner freizusetzen gegen die in einer bestimmten Situation beteiligten feindlichen Streitkräfte. Du hörst den Donner vielleicht nicht, aber ich weiß, dass er im Spirituellen trotzdem passiert und sich auf die betreffende Situation auswirkt. Nachfolgend einige Schriftstellen, die zeigen, wie dies funktioniert:

> „Da sprach der HERR zu Mose: Strecke deine Hand aus gen Himmel, damit es über ganz Ägyptenland hagle, über die Menschen und über das Vieh und über alles Gewächs auf dem Felde in Ägypten. Also streckte Mose seinen Stab gen Himmel. Und der HERR ließ donnern und hageln, daß das Feuer auf die Erde schoß. Und der HERR ließ Hagel regnen auf Ägyptenland. Es war aber zugleich Hagel und ein unaufhörliches Blitzen mitten in den Hagel hinein, so stark, daß desgleichen in ganz Ägypten niemals gewesen, seitdem es bevölkert ist. Und der Hagel erschlug in ganz Ägyptenland alles, was auf dem Felde war, Menschen und Vieh. Auch zerschlug der Hagel alles Gewächs auf dem Felde und zerbrach alle Bäume auf dem Lande." (2. Buch Mose 9,22-25)

„Die Widersacher werden vor dem HERRN erschrecken; er wird über sie donnern im Himmel. Der HERR wird die Enden der Erde richten und wird seinem König Stärke verleihen und das Horn seines Gesalbten erhöhen!" (1. Samuel 2,10)

„Aber vor deinem Schelten flohen sie, von deiner Donnerstimme wurden sie verscheucht." (Psalm 104,7)

„Die Völker werden vor deiner Donnerstimme fliehen und die Heiden, wenn du dich erhebst, zerstreut werden." (Jesaja 33,3)

7) Blitz:

Genauso wie natürliche Blitze unsagbaren Schaden anrichten können, können Blitze im Geistigen Schaden anrichten. Wenn du sie loslässt, oder noch besser, wenn du den Herrn bittest, Blitze im Geistigen gegen den Feind auszulösen, wird er und seine Kohorten in der betreffenden Situation in die Flucht geschlagen und der Sieg ist errungen. Es zerstört ihre Waffen und ihre Strategie. Der Herr benutzte oft Blitze gegen Seine Feinde, wie unten zu sehen ist:

„Er schoß seine Pfeile und zerstreute sie, schleuderte Blitze und schreckte sie." (2. Samuel 22,15)

„Laß blitzen und zerstreue sie, schieße deine Pfeile ab und schrecke sie!" (Psalm 144,6)

8) Feuer:

Eine weitere Waffe, die du effektiv gegen den Feind und seine Werke einsetzen kannst, ist Feuer. Die Bibel sagt, unser Gott ist ein verzehrendes Feuer. Wenn wir das Feuer des Herrn entfesseln, setzt es den anvisierten Feind oder die anvisierten Werke des Feindes sowohl im Geistigen als auch im Natürlichen durch die erzielten Wirkungen in Brand. Es steht geschrieben,

> „Und als der Kanaaniter, der König von Arad, der gegen Mittag wohnte, hörte, daß Israel auf dem Wege der Kundschafter heranziehe, stritt er wider Israel und machte Gefangene unter ihnen. Da tat Israel dem HERRN ein Gelübde und sprach: Wenn du dieses Volk in meine Hand

gibst, so will ich an ihren Städten den Bann vollstrecken! Und der HERR erhörte Israels Stimme und gab die Kanaaniter in ihre Hand, und Israel vollstreckte an ihnen und an ihren Städten den Bann und hieß den Ort Horma." (4. Buch Mose 11,1-3)

„Denn aus Hesbon ist Feuer gefahren, eine Flamme von der Stadt Sihons, die hat Ar der Moabiter verzehrt, die Herren der Höhen am Arnon." (4. Buch Mose 21,28)

„So sollst du heute wissen, daß der HERR, dein Gott, vor dir hergeht, ein verzehrendes Feuer. Er wird sie vertilgen und sie vor dir her unterwerfen und sie vertreiben und eilends umbringen, wie dir der HERR verheißen hat." (5. Buch Mose 9,3)

„Der König sagt, du sollst herabkommen! Aber Elia antwortete dem Hauptmann über fünfzig und sprach zu ihm: Bin ich ein Mann Gottes, so falle Feuer vom Himmel und verzehre dich und deine Fünfzig! Da fiel Feuer vom Himmel und verzehrte ihn und seine Fünfzig." (2. Könige 1,10)

Einmal, als wir Befreiung durchführten, befahl ich den Dämonen das Feuer des Herrn. Ein Mädchen fing an zu schreien. Nach der Befreiungssitzung beschwerte sie sich, dass wir sie mit Feuer verbrannt hätten. Wir können sehen, dass das, was wir befehlen, findet tatsächlich im Spirituellen statt, obwohl unsere physischen Augen es vielleicht nicht wahrnehmen.

Überall um uns herum gibt es geistige Kriegsstrukturen, die vom Feind benutzt werden, um seine Angriffe auf uns zu starten. Wenn wir dem Feuer des Herrn befehlen, auf diese Strukturen zu fallen, werden sie tatsächlich in Brand gesteckt, und kein satanischer Feuerlöscher oder Feuerwehrmann kann die unter der Salbung des Heiligen Geistes entzündete Flamme löschen. Aus diesem Grund erhaltest du nach dem Beten bestimmter Gebete eine so heftige Vergeltung vom Teufel. Das im Lager des Feindes freigesetzte Feuer des Heiligen Geistes wird unsäglichen Schaden anrichten.

9) Die Pfeile des Herrn:

„Und er schoß seine Pfeile und zerstreute sie, schleuderte Blitze und schreckte sie." (Psalm 18,14)

„Laß blitzen und zerstreue sie, schieße deine Pfeile ab und schrecke sie!" (Psalm 144,6)

Du kannst auch die Pfeile des Herrn verwenden, wenn du bestimmte feindliche Ziele anvisieren musst. Spirituelle Pfeile sind genau wie physische Pfeile; Es gibt Dinge im Physischen, die man nicht mit einem Pfeil angreifen kann, ebenso im Spirituellen. Die Verwendung eines Pfeils hängt weitgehend vom Ziel ab. Es gibt Raubvögel und auch Tiere, die der Feind im Geistigen benutzt, um das anzugreifen, was du gepflanzt hast. Gegen solche könnt ihr die Pfeile des Herrn gebrauchen. Du kannst auch Pfeile gegen menschliche Agenten des Teufels verwenden, die dein Leben beunruhigen. Es gibt das, was wir den Pfeil des Herrn nennen (siehe 2. Könige 13,15-17), wenn er abgefeuert wird, ist dein Sieg garantiert.

10) Die Engel des Herrn:

Gott hat uns in seiner Güte Kriegsengel verschiedener Ränge zur Verfügung gestellt, und darf ich demütig sagen, auf unseren Befehl, damit wir sie in diesem geistlichen Kampf gebrauchen können. Es liegt in unserer Verantwortung, sie gegen feindliche Streitkräfte einzusetzen. Die Bibel sagt: **„Der Engel des HERRN lagert sich um die her, so ihn fürchten, und errettet sie." (Psalm 34,7)** Warum lagern sie? Primär um zu schützen und sekundär um Weisungen von uns zu erhalten.

Ich habe oft um Kommandos vom Himmel gebetet, um in bestimmten Situationen einzugreifen, in denen ein menschliches Eingreifen unmöglich ist, um in feindliche Gefängnisse einzudringen und diejenigen zu befreien, die in satanischen Knechtschaften und Kerkern festgehalten werden.

David bediente sich Engel, als er betete: **„Sie müssen werden wie Spreu vor dem Winde, und der Engel des HERRN vertreibe sie! Ihr Weg sei finster und glatt, und der Engel des HERRN verfolge sie!" (Psalm 35,5-6)** Du kannst im Bruchteil einer Sekunde das erreichen, was du möglicherweise nicht erreichen könntest, wenn dir die ganze Ewigkeit gegeben wird. Erinnerst du dich, was ein einzelner Engel der syrischen Armee in nur einer Nacht angetan hat? „Und der Engel des HERRN ging aus und erschlug in dem Lager der Assyrer 185, 000 Mann. Und als sie am

Morgen früh aufstanden, siehe, da waren diese alle Leichen!" (Jesaja 37,36) Du kannst den Herrn bitten, eine Schar vernichtender Engel gegen die dich umgebenden feindlichen Mächte freizusetzen. Lerne, diese mächtige Waffe zu nutzen, die dir zur Verfügung steht, und der Sieg ist sicher deins.

11) Hagelkörner

„**Und der HERR erschreckte sie vor Israel und schlug sie in einer großen Schlacht bei Gibeon: und sie jagten ihnen nach auf dem Wege nach den Anhöhen von Beth-Horon und sie schlugen sie bis gen Aseka und bis gen Makeda. Und als sie vor Israel flohen und am Abhange von Beth-Horon waren, ließ der HERR große Steine vom Himmel auf sie fallen bis gen Aseka, daß sie starben; und von den Hagelsteinen starben ihrer viel mehr als derer, welche die Kinder Israel mit dem Schwert umbrachten.**" (Josua 10,10-11)

Du kannst den Herrn bitten, Hagelkörner gegen hartnäckige feindliche Streitkräfte zu werfen. Sobald du bittest, glaube daran, dass es fertig ist, und stelle dir die Hagelkörner vor, die auf den Köpfen deiner Feinde landen.

12) Dürre

Dieser sollte hauptsächlich gegen Wassergeister eingesetzt werden. Sie können Dürre jeglicher Form nicht standhalten. Wenn du das Gefühl hast, dass die Situation, mit der du konfrontiert bist, Wassergeister betrifft, dann bitte den Herrn, Dürre auf ihre Umgebung auszulösen.

„**Dürre über ihre Wasser, daß sie vertrocknen! Denn es ist ein Land der Götzenbilder, und sie rühmen sich wie toll ihrer Schreckgestalten.**" (Jeremia 50,38)

Hiskia wandte dieses Prinzip an, als er von den Assyrern belagert wurde: er leitete den Wasserlauf so um, dass die Assyrer kein Wasser finden konnten. Es gab keine Möglichkeit für die feindlichen Streitkräfte, eine längere Belagerung durchzuführen, ohne dass den Soldaten Wasser zur Verfügung stand.

Erinnerst du dich an den Fall der drei Königen, die in 2. Könige 3 erwähnt werden, als sie nach einem siebentägigen Marsch kein Wasser finden konnten und dann zu dem Schluss kamen, dass sie, wenn der Herr kein Wunder für sie vollbrachte, einer Niederlage ausgesetzt wären? Dürre ist eine mächtige Waffe gegen die feindlichen Streitkräfte, besonders wenn es um den Kampf gegen Meeresgeister geht.

13) Das Blut des Lammes

„Und sie haben ihn überwunden durch des Lammes Blut und durch das Wort ihres Zeugnisses und haben ihr Leben nicht geliebt bis in den Tod!" (Offenbarung 12,11)

Das Blut des Lammes ist nicht nur eine Verteidigungswaffe, sondern auch eine sehr starke Angriffswaffe. Verwende das Blut des Lammes gegen die Formation der Mächte des Bösen, die gegen dich aufgestellt sind. Manchmal muss man nur „das Blut Jesu gegen dich" sagen.

14) Das Wort deines Zeugnisses

Das Wort deines Zeugnisses ist eine weitere mächtige Waffe gegen Feinde wie Zweifel, Depression, Enttäuschung, Angst usw. Wenn du die Güte des Herrn dir gegenüber erzählst, was er in der Vergangenheit für dich getan hat und was er deiner Meinung nach für dich tun wird, werden deine Feinde geschwächt und besiegt.

Kapitel 7

Unsere Gelassenheit

Der siegreiche Soldat ist einer, der sich sowohl seiner Stärken als auch seiner Schwächen bewusst ist, das heißt, er kennt sowohl seine schwachen als auch seine starken Punkte. Beide müssen bekannt und gut bewacht sein, um besser für den Kampf aufgestellt zu sein. Außerdem entscheidet deine Herangehensweise an den Kampf, ob du gewinnst oder verlierst, egal wie ausgefeilt deine Waffen auch sein mögen.

Das erste, was du in diesem Kampf verstehen musst, ist, dass du aus einer Position des Sieges heraus kämpfst. Die Bibel sagt,

„Welche er wirksam gemacht hat in Christus, als er ihn aus den Toten auferweckte und ihn zu seiner Rechten setzte in den himmlischen Regionen, hoch über jedes Fürstentum und jede Gewalt, Macht und Herrschaft und jeden Namen, der genannt wird nicht allein in diesem Zeitalter, sondern auch in dem zukünftigen und wobei er alles unter seine Füße tat und ihn zum Haupt über alles der Gemeinde gab, welche sein Leib ist, die Fülle dessen, der alles in allen erfüllt; und hat uns mitauferweckt und mitversetzt in die himmlischen Regionen in Christus Jesus." (Epheser 1,20-23; 2,6)

Wenn du mit Christus in himmlischen Örtern sitzt und Christus weit über Fürstentümern und Mächten steht, dann stehst du auch über Fürstentümern und Mächten. Dein Verständnis dieser Wahrheit wird darüber entscheiden, ob du kühn und mutig sein oder dich vor dem Feind ducken wirst.

Kenne die Rückschläge

„Denn Gott hat uns nicht einen Geist der Furchtsamkeit gegeben, sondern der Kraft und der Liebe und der Zucht." (2. Timotheus 1,7)

Gott hat dir einen Geist der Kraft, der Liebe und der Besonnenheit gegeben und nicht der Angst. Indem der Apostel die negative Eigenschaft der Angst drei positiven Eigenschaften gegenüberstellt, sagt er, dass dort, wo Angst vorhanden ist, die drei gegensätzlichen Eigenschaften fehlen werden. Niemand, der Angst hat, kann wirklich die Macht des Heiligen Geistes demonstrieren, er kann weder Liebe zeigen noch einen gesunden Verstand besitzen.

Wenn du die Disposition eines Siegers bewahren willst, gibt es zwei Dinge, mit denen du dich auf persönlicher Ebene befassen musst: Angst und Entmutigung. Du wirst mit Menschenfurcht zu tun haben, mit der Angst vor der Zukunft, mit der Angst vor dem Scheitern, mit der Angst vor Verlust, mit der Angst vor Zurückweisung, mit der Angst vor dem Unbekannten. Einige der oben genannten Befürchtungen mögen echt erscheinen, aber sie werden dich davon abhalten, in ein siegreiches Leben einzutreten, in dem du alles besitzt, was Gott für dich bereithält.

Jetzt höre ich jemanden fragen, wie er oder sie mit ihren Ängsten umgehen kann. Verstehe zuerst die Quelle der Angst: diese Ängste sind nicht vom Gott, sondern von dem Teufel. Wenn du spürst, wie Angst dich überkommt, erhebe dich, weise sie zurecht im mächtigen Namen Jesu und beanspruche die Kühnheit, die Gott dir mit der Macht des Heiligen Geistes gegeben hat. Die Bibel sagt: „Der Gerechte ist getrost wie ein junger Löwe." (Sprüche 28,1)

Angst ist ein Geist, den du mit dem oben zitierten 2. Timotheus 1,7 ansprechen kannst. Personalisiere diese Ansprechung. Das wird dir den Sieg über die Angst geben. Konzentriere dich auch auf Gott und vertraue seiner Treue. Denke daran, dass Gott dich niemals bitten wird, sich auf etwas einzulassen, wenn er nicht mit dir geht und dir den Weg weist. Er wird dich nicht bitten, etwas zu besitzen, was er dir nicht gegeben hat. Gottes Aufruf zum Kampf kommt mit der Verpflichtung seinerseits, das

Unmögliche zu tun. Es kommt mit einer totalen Verpflichtung, den Feind anzugreifen, zu schwächen und zu besiegen, damit du ihn erobern kannst. Angst in deinem Leben wird deine Sicht auf Gottes Verpflichtung blockieren, die Schwierigkeiten vergrößern und das Potenzial des Feindes vergrößern. Es gibt dir eine verminderte Sicht, nicht nur von dir selbst, sondern auch von deinem Gott. Angst verhindert die Freisetzung der eigenen Potenziale und macht selbst die Fähigsten handlungsunfähig.

Zweitens musst du jede Art von Entmutigung beseitigen. Die Hauptformen der Entmutigung sind Ungeduld und die Weigerung, sich über die eigene Komfortzone hinaus zu erstrecken. Auch wenn du den Feind aus eigener Kraft angreifst, wird dies zu Entmutigung führen. In jedem Kampf gegen den Feind spielt Gott eine Rolle, um den Sieg zu erringen, und nur er kann dies tun. Wenn du es versuchst, das zu tun, was nur Gott tun kann, stößt du auf äußerste Entmutigung.

Während der gesamten Kriegsreise Israels hören wir Mose mehrmals Äußerungen sagen wie „Und der Herr wird ihnen tun ..." „Der Herr wird sie dir übergeben...."

Andere Quellen von Angst und Entmutigung sind
- Kritik
- Zynismus
- Mangel an Glauben und Vertrauen
- Konzentration auf das Problem statt auf Gott.

Jedes Mal, wenn du der Angst nachgibst, verlierst du deinen Sieg. Wenn du dich weigerst zu glauben und Gott zu vertrauen, übernimmt die Angst dein Herz. Innere Stärke und Mut sind wesentlich, um siegreich zu leben. Angst lähmt, Mut katalysiert! Was Gott zu jeder Zeit von dir verlangt, ist ein starkes und mutiges Herz. Angst und Entmutigung sind Auslassventile für Stärke, Kraft und einen gesunden Geist. Was deine innere Stärke und deinen Mut bewahren wird, ist das Wissen, dass:

(i) Gott dir in jedem Kampf vorausgeht.
(ii) Gott wird in jedem Kampf bei dir sein.
(iii) Gott wird dich niemals verlassen oder im Stich lassen.

Ein weiterer Rückschlag

„Auch die Amtleute sollen mit dem Volke reden und sagen: Wer ein neues Haus gebaut und es noch nicht eingeweiht hat, der gehe hin und kehre in sein Haus zurück, damit er nicht im Kriege umkomme und ein anderer es einweihe. Wer einen Weinberg gepflanzt und ihn noch nie abgelesen hat, der gehe und kehre wieder in sein Haus zurück, daß er nicht im Krieg umkomme und ein anderer die erste Lese halte! Wer sich mit einem Weibe verlobt und sie noch nicht heimgeführt hat, der gehe hin und kehre wieder in sein Haus zurück, daß er nicht im Krieg umkomme und ein anderer sie heimführe. Und die Amtleute sollen weiter mit dem Volke reden und sagen: Wer sich fürchtet und ein verzagtes Herz hat, der gehe hin und kehre wieder in sein Haus zurück, damit er nicht auch das Herz seiner Brüder so verzagt mache, wie sein Herz ist! Und wenn die Amtleute aufgehört haben, zu dem Volke zu reden, so sollen sie Hauptleute an die Spitze des Volkes stellen." (5. Buch Mose 20,5-9)

Ein weiteres großes mögliches Hindernis für den Sieg des christlichen Lebens ist Ablenkung. Und hier oben finden wir mehrere legitime Gründe, warum eine Person abgelenkt in den Krieg ziehen könnte. Es ist besser; millionenfach besser, keinen Krieg zu führen, als sich mit geteilter Aufmerksamkeit mit dem Feind auseinanderzusetzen. Eine Person, die sich ganz auf einen Krieg konzentriert, ist viel stärker als hundert Menschen, die sich nur halb auf den Krieg konzentrieren.

„Hat jemand ein Haus gebaut … hat jemand einen Weinberg gepflanzt … lass ihn nach Hause gehen"

In diesen Worten finden wir ein großes Hindernis für die geistliche Kriegsführung. Viele Menschen, die sich vielleicht wünschen, sie würden sich voll und ganz auf den geistlichen Kampf einlassen, tun dies nicht, weil sie in dieses Leben investiert haben. Sie haben Angst, den Feind anzugreifen oder Verluste zu erleiden. Es ist gut zu investieren, aber wenn diese Investition deine Aufmerksamkeit auch nur ein bisschen in Anspruch nimmt, bist du anfällig für Niederlagen. Dinge, die ablenken, können echt sein. Sie werden jedoch deine Fähigkeit einschränken, dich deinem Meister vollständig zur Verfügung zu stellen.

Wenn du in der christlichen Geschichte nachforschst, wirst du feststellen, dass diejenigen, die mächtig in geistliche Kriegsführung verwickelt waren und als Sieger hervorgingen, diejenigen waren, die wenig oder gar nichts in dieses Leben investiert hatten. Sie waren oft Menschen mit wenig oder gar keiner Anerkennung in der Gesellschaft, vor denen aber die Hölle zitterte, wenn sie auf die Knie gingen.

„Ist jemand einer Frau verpfändet... lass ihn nach Hause gehen..."

Hier finden wir wieder ein weiteres Prinzip, das für die Wirksamkeit in der geistlichen Kriegsführung berücksichtigt werden sollte. Unsere Beziehungen können uns entweder stark im Kampf oder anfällig für Niederlagen und Versagen machen. Jede Beziehung, die dich dazu bringt, dem Teufel mit geteilter Aufmerksamkeit gegenüberzutreten, ist tödlich. Ein abgelenkter Soldat macht sich und seine ganze Armee anfällig für eine Niederlage. Du musst jede Beziehung, die du hast, danach betrachten, ob sie dich stark und bereit macht, sich dem Feind zu stellen, oder ob sie dich schwach und verwundbar macht. Jede sündige Beziehung macht dich anfällig für Niederlagen und <u>klägliches Scheitern</u>.

„Hat irgendjemand Angst oder ein verzagtes Herz? ... lass ihn nach Hause gehen, damit seine Brüder nicht auch entmutigt werden."

Wir sprachen über Angst und Entmutigung als zwei Rückschläge für ein siegreiches Leben. Aus diesen Worten sehen wir, dass Angst gefährlich ansteckend ist. Angst in einem Aspekt deines Lebens breitet ihre Tentakel bald in andere Bereiche aus, wenn sie nicht sofort behandelt werden.

„Hat irgendjemand Angst oder ein verzagtes Herz?"

Das heißt, es spielt keine Rolle, ob dieser ein Kommandeur von Tausenden, von Hunderten, von Fünfzigern oder von Zehnern ist, es spielt keine Rolle, ob er nur ein gewöhnlicher Soldat, Kombattant oder

Nichtkombattant ist. Solange du kleinmütig bist, solltest du besser nach Hause gehen. Egal wie bedeutend oder unbedeutend, stark oder schwach ein Bereich deines Lebens ist, wenn du also zulässt, dass sich Angst dort breitmacht, sei sicher, dass diese sich wie eine Krebszelle auf andere Bereiche deines Lebens ausbreiten wird.

Für manche mag es die Angst vor Verantwortung sein. Für andere mag es die Angst vor Bindung sein. Für manche ist es jedoch nur die Angst vor dem Ungewissen. Darf ich noch einmal sagen, dass Angst gefährlich ansteckend ist und beseitigt werden muss, sobald sie identifiziert wird oder ihr hässliches Gesicht in dem einen oder anderen Aspekt deines Lebens zeigt.

Alles, was in diesem Abschnitt gesagt wurde, kann in einer prägnanten Aussage zusammengefasst werden: Wenn du nicht bereit bist, alles zu opfern und sogar im Kampf zu sterben, bist du nicht bereit für die Konfrontation mit Satan und seinen Kohorten. Wenn es etwas so Kostbares gibt, dass du um des Kreuzes willen nicht aufgeben kannst, dann können deine Hände nicht für den Kampf trainiert werden. Genau hier disqualifizieren sich viele vom Kampf. Sie haben nicht aufgehört, dem Königreich anzugehören, aber der König kann nicht auf sie als Kämpfer zählen.

Die allmächtigen Waffen des Himmels sind nur in den Händen derer wirksam, die sich von ganzem Herzen dem Kampf ergeben, und in den Händen derjenigen, die alles, was sie wissen, das der Meister von ihnen verlangt hat, auf den Altar des Evangeliums zu legen, auch gelegt haben. Bist du bereit, dein Leben in deinem Kampf gegen das Fleisch, die Welt und die Dämonen zu opfern? Wenn ja, dann steht dir die gesamte Macht des Himmels zur Verfügung, und die gesamte Schöpfung wird deinen Befehlen gehorchen, wenn du den Feind in den Kampf verwickelst.

Kapitel 8

Bereit für den Sieg

„Und wenn sie der HERR, dein Gott, vor dir hingibt, daß du sie schlägst, so sollst du an ihnen den Bann vollstrecken; du sollst keinen Bund mit ihnen machen und ihnen keine Gnade erzeigen." (5. Buch Mose 7,2)

Das Geheimnis für einen beständigen Sieg in diesem endlosen lebenslangen Kampf besteht darin, die Feinde deines Erbes in Christus Jesus ohne Mitleid oder Gnade zu behandeln. Was sind die Feinde deines vollen Erbes in Christus Jesus? Sünde, die Welt, das Fleisch, die Dinge der Welt, Satan und seine Dämonen. Ein Geheimnis für ein siegreiches Leben ist, dass es zwischen dir und einem der Feinde keine Kompromisse geben sollte. Die Lösung für das Fleisch ist die Kreuzigung. Die Lösung für die Welt ist Vernichtung. Auch wenn du vielleicht nicht in der Lage bist, die Welt zu vernichten, kannst du die Liebe zur Welt und die Liebe zu den Dingen der Welt aus deinem Herzen ausrotten. Sünde muss rücksichtslos aus deinem Herzen und wo möglich aus deiner Umgebung entwurzelt werden. Lasse dir durch nichts dein volles Erbe nehmen. Kein

Feind hat das Recht, dein Erbe mit dir zu teilen. Jeder Feind in der Domäne deines Erbes muss in den Kampf verwickelt und besiegt werden. Der Feind, mit dem du heute einen Kompromiss eingehst, wird dich morgen deines gesamten Erbes berauben, indem er dich von einer rückhaltlosen Hingabe an deinen Gott abbringt. Satan weiß ganz genau, dass die Allmacht denen, die halbherzig sind, nicht zur Verfügung stehen kann, und deshalb versucht er, die Gläubigen zu schwächen und dadurch den potenziellen Schaden, den sie seinem Königreich zufügen können, zu verursachen, indem er sie zu Kompromissen verleitet.

Der Herrgott warnte die Israeliten, als er sagte

„Werdet ihr aber die Einwohner des Landes nicht vor eurem Angesicht vertreiben, so sollen euch die, welche ihr übrigbleiben lasset, zu Dornen werden in euren Augen und zu Stacheln in euren Seiten, und sie sollen euch befehden in dem Lande, darin ihr wohnt. So wird es dann geschehen, daß ich euch tun werde, was ich ihnen zu tun gedachte." (4. Buch Mose 33,55-56)

Diese Sünde in deinem Leben, mit der du dich nicht befasst hast, ist eine mächtige Waffe in den Händen des Feindes gegen dich. Diese Haltung deines Fleisches, die du nicht getötet hast, ist eine mächtige Waffe in den Händen des Teufels. Diese Liebe zur Welt und zu den Dingen der Welt, mit denen du dich nicht befasst hast, ist eine Waffe, die du dem Feind überreichst, um dich damit zu töten. Satan versteht geistliche Prinzipien und versucht daher, uns in eine Situation zu bringen, in der diese Gesetze, die den Konflikt regeln, gegen uns arbeiten werden (Vers 56).

Es ist wahr, dass Gott niemals gegen seine Kinder sein wird, aber die Gesetze, die er aufgestellt hat, um dieses Universum zu regieren und die nicht verletzt werden können, werden gegen denjenigen in Bewegung gesetzt, der sie verletzt. Einmal dass die Sache mit der Welt, dem Fleisch und den Sünden erledigt ist, dann haben Satan und seine Dämonen keine Möglichkeit mehr Schaden anzurichten.

Vorsichtig sein

„Hütet euch aber, daß sich euer Herz nicht überreden lasse, daß ihr abtretet und andern Göttern dienet und sie anbetet, und daß alsdann der Zorn des HERRN über euch entbrenne!" (5. Buch Mose 11,16-17a)

In diesem Kampf unseres Lebens erwartet der Herr von dir und mir, dass wir in unserem Leben und unserer Interaktion Sorgfalt und Vorsicht walten lassen. Er erwartet von uns, dass wir die notwendigen vorbeugenden Maßnahmen ergreifen und aufmerksam und wachsam sind. Er erwartet von uns, dass wir Grenzen ziehen und diese Grenzen respektieren. Wieso den? Weil Satan immer danach strebt, uns zu schwächen und uns durch die Subtilität der Sünde, des Fleisches und der Welt verwundbar zu machen.

Gelockt zu werden bedeutet, verführt zu werden. Es bedeutet, getäuscht und auf subtile Weise in etwas hineingezogen zu werden. Es bedeutet, in etwas hineingeführt zu werden, ohne dass man merkt, wann und wie es passiert ist. Um die Disposition eines Siegers aufrechtzuerhalten, musst du mit deinen Beziehungen vorsichtig sein. Du musst vorsichtig sein, wie du interagierst. Du musst vorsichtig sein, wen du in deine spirituelle Umgebung einlässt. Du musst vorsichtig sein, von wem du Geschenke und kostenlose Dienstleistungen erhältst. Du musst vorsichtig sein, wem du Fürsorge und Sorge zeigst. Alles oben Genannte kann dich in die Anbetung des Mammongottes, des Sexgottes, des Modegottes und des Ruhmes und der Macht führen.

Du musst Menschen, Dinge, Angebote, Gelegenheiten und Ideen auf der Grundlage annehmen, ob sie dich näher zu Gott und seinen Plänen für dein Leben oder von ihm und seinen Plänen für dein Leben wegführen. Alles oder jede Person, die deine Gedanken von Gott ablenken, muss abgelehnt werden. Alles und jede Person die dein Herz von Gott wegzieht, muss gerichtet und verworfen werden. Alles, was dich von einer Hingabe und einem Dienst für Gott von ganzem Herzen abbringt, muss zurückgewiesen werden.

Ich möchte, dass du verstehst, dass es einige Angebote gibt, die nur Prüfungen von Gott sind. Es gibt einige Gelegenheiten, die nur Prüfungen von Gott sind. Sie kommen, um dein Engagement und deine Hingabe zu prüfen. Mache dich nicht zu einem Opportunisten, der sich einfach auf irgendetwas einlässt oder alles wegen der darin enthaltenen Möglichkeiten akzeptiert. Du musst alles im Hinblick auf ihren ewigen Wert abwägen.

Aus 5. Buch Mose 13,1-5 sehen wir, dass das Urteil über irgendjemanden oder irgendetwas, das versucht, deinen Fokus von Gott abzulenken, die Todesstrafe ist. Dieses Ding oder Individuum sollte aufhören zu existieren, soweit es deine Welt betrifft. Zähle es für tot, egal wie lieb, nah und kostbar dieses Ding oder Person kann für dich sein. Zeige kein Mitleid, indem du es in deiner Welt nicht existierend machst. Dies bedeutet nicht, dass du der Sache oder Person körperlich schadest, sondern dass du sie aus deinem Herzen entfernst. Trenne dich so weit wie möglich davon. Denn hier geht es um Leben oder Tod, Erfolg oder Misserfolg, Sieg oder Niederlage.

Kraft in Reinheit

„Wenn du im Heerlager wider deine Feinde ausziehst, so hüte dich vor allem Bösen." (5. Buch Mose 23,9)

Wir haben bereits gesagt, dass das christliche Leben ein ständiger Krieg ist. Daher ist unseres ein permanentes Lager gegen mehrere Feinde mit mehreren Angriffsrouten: Sünde, die Welt, die Dinge der Welt, das Fleisch, Dämonen, Satan, Armut, Krankheit usw. Um die Disposition eines Siegers aufrechtzuerhalten, muss es moralische und körperliche Reinheit geben. Reinheit hat Macht, oder besser noch, Reinheit ist Macht! Insbesondere physische und moralische Unreinheit macht einen Soldaten im Krieg anfällig für Niederlagen, da dies deinen spirituellen Abwehrmechanismus schwächt und das Potenzial deiner Waffen verringert.

Reinheit zwingt den Himmel, sich im Kampf mit dir zu verbünden!
Reinheit zwingt die Natur, auf deine Anrufe zu reagieren und deinen Befehlen zu gehorchen!
Reinheit bietet eine Behausung für Gott!
Es gibt Unreinheiten des Körpers, Unreinheiten der Seele und Unreinheiten des Geistes. Du tust gut daran, sich von allem fernzuhalten, was dich offensichtlich kontaminieren kann. Es steht geschrieben,
„Weil wir nun diese Verheißungen haben, Geliebte, so wollen wir uns reinigen von aller Befleckung des Fleisches und des Geistes, zur Vollendung der Heiligung in Gottesfurcht." (2. Korinther 7,1)
„Er selbst aber, der Gott des Friedens, heilige euch durch und durch, und euer ganzes Wesen, der Geist, die Seele und der Leib, werde unsträflich bewahrt bei der Wiederkunft unsres Herrn Jesus Christus!" (1. Thessalonicher 5,23)

Satan weiß, dass in der Reinheit Kraft liegt

Als Israel aus Ägypten herauskam, forderte der König von Moab Bileam auf, die Israeliten zu verfluchen, damit er sie in den Kampf verwickeln und sie besiegen könne. Die Prophezeiungen Bileams während dieses Ereignisses offenbaren gewaltige Wahrheiten über die geistliche Kriegsführung. Lasst uns sorgfältig auf einige Verse achten, die sich auf die Angelegenheit beziehen, die wir jetzt betrachten.

„Denn von den Felsengipfeln sehe ich ihn, und von den Hügeln schaue ich ihn. Siehe, das Volk wohnt besonders und wird nicht unter die Heiden gerechnet." (4. Buch Mose 23,9)

Die erste Lektion, die wir hier über Reinheit lernen können, ist, dass sie mit der Einstellung beginnt. Du musst dich selbst als jemanden sehen, der von der Welt durch Gott abgesondert wurde. Wenn du diese Einstellung nicht hast, wirst du nicht in der Lage sein, dich von diesen Dingen die verunreinigen, fernzuhalten.

Wenn du dich als abgehoben siehst, wirst du nicht einfach jedem Druck der Welt nachgeben, sich in ihre Form zu quetschen. Die Nationen waren in alle Arten von Unzucht und Taten verwickelt, die Körper, Seele und Geist verunreinigten. Damit Israel rein bleiben konnte, musste es sich von den Nationen unterscheiden: ihre Leidenschaften, ihre Werte, ihre Wege und ihre Handlungen.

Die zweite Lektion hier ist diese:

„Man schaut kein Unheil in Jakob und sieht kein Unglück in Israel. Der HERR, sein Gott, ist mit ihm, und man jauchzt dem König zu in seiner Mitte." (4. Buch Mose 23,21)

Wenn Gott keine Ungerechtigkeit in deinem Leben sieht, wenn du etwas Perverses von deinem Leben fernhaltest, ist das Ergebnis, dass Gott mit dir sein wird. Und wenn Gott bei dir ist, wird sein Siegesruf offensichtlich in deinem Leben zu hören sein. Reinheit macht dich im Kampf stark, weil Gott sich auf die Seite der reinen Herzen stellt.

Weil Gott in Israel keine Ungerechtigkeit findet, wird keine Zauberei, Verzauberung, Weissagung, Beschwörung oder Omen gegen ihn Erfolg haben. Heute nimmt die Zahl der Menschen, die aktiv an Hexerei und anderen satanischen Praktiken beteiligt sind, rapide zu. Diese versuchen, die Gläubigen mit allen möglichen Mitteln zu schwächen.

Aber so wie es mit Israel war, wird es auch mit dir sein, egal wie viele tausend Dämonen durch diese Zauber und Beschwörungen freigesetzt werden. Lass eine Million Dämonen gegen dich freigesetzt werden, der Schild der Reinheit um dich herum wird sie in die Flucht schlagen, denn **„Die Gerechtigkeit bewahrt den Unschuldigen." (Sprüche 13,6)** Wenn du außerhalb der Reichweite Satans und seiner Dämonen und menschlichen Agenten leben möchtest, lebe ein reines Leben.

„Siehe, das Volk wird aufstehen wie eine Löwin und wird sich erheben wie ein Löwe. Es wird sich nicht legen, bis es den Raub verzehrt und das Blut der Erschlagenen getrunken hat!" (4. Buch Mose 23,24)

Das ist die Art von Kraft, die den Reinen zur Verfügung steht, die Kraft einer Löwin und die Kraft eines wilden Ochsen. Denke daran, dass Moab wusste, dass, solange Israel sich rein hielt, jeder Versuch, sie in einen Kampf zu verwickeln, ein Misserfolg und eine Niederlage sein würde, und dass sie auf den Rat Bileams zurückgriffen, um Israel zur Götzenanbetung und sexuellen Unmoral zu verführen. Dies brach ihre Verteidigungsmauer ein, machte sie handlungsunfähig und setzte die Gesetze des geistlichen Konflikts gegen Israel.

Satan hat Angst, irgendein Kind Gottes anzugreifen, und deshalb kann er nur durch das Fleisch appellieren, um dich in eine Position zu führen, in der die Gesetze der Natur und der geistliche Konflikt beginnen, gegen dich zu arbeiten. Dies ist die einzige Zeit, die er haben kann, die Oberhand zu gewinnen, besonders wenn es dir nicht gelingt, deine Sünde schnell anzuerkennen und sie zu bereuen. Das ist ein Grund mehr, warum du dich bemühen musst, dich nicht der Sünde hinzugeben. Sofort findest du dich in einem Schlamassel wieder. Bereue es und reiß dem Feind den Boden unter den Füßen weg, damit er keinen Grund zur Anklage hat.

Mit dem Geist in Phase bleiben

Damit du in diesem Konflikt gegen mehrere Feinde mit mehreren Angriffsmöglichkeiten die Siegerhaltung bewahren kannst, musst du mit dem Heiligen Geist Schritt halten. Das alles ist wichtig und entscheidet darüber, ob du in den Schlachten des Lebens eine Niederlage erleidest oder einen Sieg gewinnst. Ich habe persönlich mehrere Niederlagen erlebt, als ich nicht auf die Stimme des Heiligen Geistes in mir reagierte. Seine

Führung ist deine einzige Garantie für den Sieg.

„Gedenke, was dir Amalek antat auf dem Wege, als ihr aus Ägypten zoget; wie er dir auf dem Wege begegnete und deine Nachzügler abschnitt, alle Schwachen, die zurückgeblieben waren, als du müde und matt warst, und wie er Gott nicht fürchtete. Wenn dir nun der HERR, dein Gott, Ruhe gegeben hat vor allen deinen Feinden ringsum im Lande, das der HERR, dein Gott, dir als Erbe einzunehmen gibt, so sollst du das Gedächtnis Amaleks unter dem Himmel vertilgen; vergiß es nicht!" (5. Buch Mose 25,17-19)

Zurückbleiben bedeutet, mit dem Heiligen Geist nicht in Einklang zu sein. Wenn ein Mensch mit dem Heiligen Geist nicht Schritt hält, kann er entweder hinterherhinken oder dem Heiligen Geist vorausgeeilt sein. Beide Situationen sind gefährlich und machen dich anfällig für Niederlagen. Momente geistiger, körperlicher oder moralischer Müdigkeit sind sehr verwundbare Momente. Dann schlägt Amalek am leichtesten und am härtesten zu.

Amalek bedeutet alles, was dir auf dem Weg zu einem siegreichen Leben steht, alles, was dich daran hindern will, in die Fülle deines Erbes einzutreten. Wenn du jemals wachsam sein musst, dann wenn du dich in irgendeinem Bereich deines Lebens müde fühlst. Solche Momente der Herausforderung sollten dich dazu bringen, dich mehr an den Heiligen Geist zu klammern. Die Versuchung in solchen Zeiten der Erschöpfung besteht darin, dass die Verbindung zum Himmel unterbrochen wird.

Wenn du mit dem Heiligen Geist Schritt halten willst, musst du dich verpflichten, zu handeln, wann Gott möchte, dass du handelst, dort, wo er möchte, dass du handelst, und wie er möchte, dass du handelst. Wenn du es versäumst oder dich weigerst zu handeln, wenn Gott dir die Gelegenheit gibt, kann dieses Fenster für eine sehr lange Zeit oder sogar für immer geschlossen sein. Er kann von dir erwarten, dass du handelst, selbst dann, wenn es sich den heftigsten Widerstand in einer Situation ergibt, in der die Schwierigkeiten und Unmöglichkeiten am offensichtlichsten sind.

Darf ich noch einmal sagen, dass es Momente gibt, in denen sich ein Fenster der vom Geist entwickelten Möglichkeiten schließt, wenn es nicht genutzt wird. Dies ist ein weiterer Grund, warum du verpflichtet sein musst, dich nach den Geboten des Heiligen Geistes und nicht nach dem Fleisch zu bewegen.

Waffen mit Gottes Unterstützung werden viel bewirken, aber

dieselben Waffen ohne seine Unterstützung werden zu nichts führen. Gaben mit der Salbung Gottes werden das Außergewöhnliche vollbringen, aber dieselben Gaben ohne seine Salbung werden zu nichts führen. Talente mit der Salbung werden überwältigende Ergebnisse hervorbringen, aber dieselben Talente in der Kraft des Fleisches werden das Werk Gottes behindern. Und Gottes Salbung ist nur verfügbar, wenn er führt.

Jede Fähigkeit, Können oder Begabung wird nur durch Gott sinnvolle Ergebnisse hervorbringen. Es gibt keine größere Arroganz und Anmaßung, als sich auf etwas einzulassen, wenn man genau weiß, dass Gott nicht mit einem geht. Es gibt keine größere Torheit, als sich dem Feind zu stellen, egal wie klein seine Macht ist, jn der Macht deines eigenen verdorbenen Fleisches. Der größte Gefallen, den du dich in Momenten der Ungewissheit tun könntest, besteht darin, auf Gottes Gegenwart und seinen Vorrang zu warten. Was den Unterschied ausmacht, ist nicht die Art oder Größe deiner Waffen, deines Eifers und deiner Entschlossenheit, sondern Gottes begleitende Gegenwart. Leiste dich nicht denselben Fehler, den die Israeliten einst begangen haben:

„Da antwortetet ihr und sprachet zu mir: Wir haben wider den HERRN gesündigt, wir wollen hinaufziehen und streiten, ganz wie uns der HERR, unser Gott, geboten hat! Und ihr alle gürtetet eure Kriegswaffen um und hieltet es für leicht, auf den Berg zu steigen. Aber der HERR sprach zu mir: Sag ihnen: Ihr sollt nicht hinaufziehen und nicht streiten; denn ich bin nicht unter euch; daß ihr nicht vor euren Feinden geschlagen werdet! Das sagte ich euch; aber ihr gehorchtet nicht, sondern lehntet euch auf gegen das Gebot des HERRN und waret vermessen und zoget auf das Gebirge hinauf. Da rückten die Amoriter aus, die auf demselben Gebirge wohnten, euch entgegen, und jagten euch, wie die Bienen tun, und schlugen euch zu Seir bis gen Horma. Da kehrtet ihr wieder um und weintet vor dem HERRN; aber der HERR wollte eure Stimme nicht hören und neigte seine Ohren nicht zu euch. Also bliebet ihr in Kadesch eine lange Zeit, so lange, wie ihr dort bleiben mußtet!" (5. Buch Mose 1,41-46)

In die Offensive gehen

Was wir hier sagen werden, basiert auf dem achtzehnten Psalm. Wir werden hier nur die Verse zitieren, die wir brauchen, aber es wird dir gut tun, den ganzen Psalm zu lesen.

Von Ägypten bis Kanaan waren die Israeliten immer in der Offensive gegen ihre Feinde. Die Tatsache, dass wir mit dem Heiligen Geist in Phase sein müssen, bedeutet nicht, dass du einfach deine Arme verschränkst und nichts tust. Der Heilige Geist wird dir nicht sagen, dass du die Dinge tun sollst, von denen du bereits weist, dass du sie tun solltest. Das heißt, erwarte nicht, dass du dazu gebracht wirst, zu beten, bevor du betest.

Erwarte nicht, zu bezeugen geführt zu werden, bevor du bezeugst. Es ist wahr, dass es Momente gibt, in denen er dich auffordert, für eine bestimmte Situation zu beten oder einer bestimmten Person Zeugnis zu geben, aber das ist nicht die Regel. Du musst nach möglichen feindlichen Zielen Ausschau halten, um dich mit der Kraft des Heiligen Geistes unter seiner Führung sie zu konfrontieren. Du musst in die Offensive gehen. Alles, was du brauchst, ist die Garantie von Gottes Gegenwart und Unterstützung.

Sobald du dich einer Situation stellst und grünes Licht für seine Unterstützung hast, wird er dich zurückhalten, wann und wenn es nötig ist. Wie der Psalmist sagte: **„Denn mit dir kann ich Kriegsvolk zerschmeißen und mit meinem Gott über die Mauer springen." (Psalm 18,29)**, musst du täglich um die Anwesenheit und Kameradschaft Gottes bitten und sich diese aneignen, um in der Lage zu sein, alle Barrieren des Feindes zu überwinden, während du deinen Angriff gegen ihn fortsetzt.

Eine Truppe anzugreifen bedeutet, in das feindliche Lager einzudringen, Verteidigungsmauern zu erklimmen, die Gefängnishöfe zu stürmen und Gefangene zu befreien. Es ist an der Zeit, von der Defensive in die Offensive zu wechseln.

Wie man sich den Sieg aneignet
„Ich jagte meinen Feinden nach und holte sie ein und kehrte nicht um, bis sie aufgerieben waren; ich zerschmetterte sie, daß sie nicht mehr aufstehen konnten; sie fielen unter meine Füße." (Psalm 18,37-38)

1. in die Offensive gehen:

„Ich habe meine Feinde verfolgt ..." Du musst in der Offensive sein gegen die Sünde, das Fleisch, die Krankheit, die Welt, die Dämonen und alles, was mit dem Feind zu tun hat, zuerst in deinem Leben, dann in deiner Umgebung. Die Sünde muss aus deinem Leben vertrieben werden; Krankheit muss ausgetrieben werden, die Welt muss aus deinem Herzen ausgerottet und Dämonen ausgetrieben werden. Dann wirst du in der Lage sein, dich dem Feind in deiner Umgebung zu stellen.

2. Alles geben:

„Ich kehrte nicht um, bis sie zerstört waren". Du musst in jede Schlacht eintreten, um dich nicht zurückzuziehen, bis der Feind nicht nur überholt, sondern vollständig zerstört wurde. Sobald du dir die Möglichkeit gibst, umzukehren, bevor der Feind eingeholt und zerstört wird, kann kein Sieg errungen werden. Also, ziehe an die Haltung, nicht nur zu bestehen, sondern sich auch durchzusetzen – Sieg oder kein Zurück!

3. Gehe auf die vollständige Vernichtung ein:

„Ich habe sie zerquetscht, damit sie nicht aufstehen konnten." Der Sieg über diesen bestimmten Feind ist nicht gesichert, bis es absolut keine Möglichkeit für den Feind gibt, sich wieder zu erheben. Der besiegte, aber nicht vernichtete Feind wird wieder zu Kräften kommen und sich erneut erheben, um sich dir diesmal mit einem viel stärkeren Widerstand zu stellen. Wenn du dich also mit der Sünde, der Welt oder dem Fleisch befasst, behandele sie von Grund auf, indem du jede Spur von ihnen in deinem Leben entwurzelst und verbrennst.

Kapitel 9

Deine Gegenstrategie

Wie können wir unseren von Gott gegebenen Sieg aufrechterhalten? Wie können wir aus einer Position des Sieges heraus weiterkämpfen? Genau dafür ist dieses Kapitel gedacht: nicht wie wir den Sieg erringen können, sondern wie wir den Sieg behalten und weiterhin erhalten können. Nachfolgend findest du Strategien, die dir helfen, den Sieg aufrechtzuerhalten:

1). **Unschuld über das Böse:**
Als der Herr Jesus seine Jünger aussandte, sagte er ihnen, dass sie „so unschuldig wie die Tauben" sein sollten (Matthäus 10:16). Woran sollten sie unschuldig sein? Wir finden die Antwort im Römerbrief. Der Apostel Paulus schrieb an die Römer: **„Möchte aber, daß ihr weise wäret zum Guten und unvermischt bliebet mit dem Bösen." (Römer 16,19)** Bemühe dich, unschuldig zu sein gegenüber dem Bösen. Das bedeutet, dass du alles tun sollst, um das Böse nicht zu lernen. Vermeide es, Filme anzusehen, Orte zu besuchen oder die Gesellschaft von Menschen zu

pflegen, die dich der Erkenntnis des Bösen aussetzen.

Unschuldig zu sein, wie es hier verwendet wird, bedeutet drei Kategorien von Dingen:
i). Nicht mit Sünde befleckt zu sein, tadellos, rein, des Bösen unwissend.
ii). Frei von Eigenschaften, die schaden oder verletzen können.
iii). Fehlend an weltlichem Wissen.
So will der Erlöser, dass wir sind. Das Wissen um das Böse gibt dir keinen Sieg über das Böse, aber macht dich verwundbar. Die ursprünglichen Absichten Gottes waren an die Unschuld des Menschen gegenüber dem Bösen gebunden, aber sobald der Mensch sich der Möglichkeit des Bösen bewusst wurde, neigte sein Herz die ganze Zeit zum Bösen.

2). Selbstkontrolle:
„Beherrsche dich ..." (1. Petrus 5,8)

Selbstbeherrschung ist definiert als die Handlung, Macht oder Gewohnheit, die eigenen Fähigkeiten oder Energien unter die Kontrolle des Willens zu bringen (Funk und Wagnals).

Fähigkeiten beziehen sich hier auf jede Art von körperlichem oder geistigem Verhalten, da sie eine natürliche Begabung oder erworbene Kraft impliziert, z.B. Sehen, Fühlen, Denken usw.

Du musst die Dinge, die du siehst, hörst und über die du nachdenkst oder die du dir vorstellst, kontrollieren. Du musst deine Gefühle beherrschen. Du musst deine Sprache kontrollieren. Ich möchte, dass du verstehst, dass du Selbstbeherrschung üben musst, um deinen Sieg zu behalten.

Einige Fakten zur Selbstbeherrschung
<u>Es ist für alle Gläubigen:</u>
„Daß alte Männer nüchtern seien, ehrbar, verständig, gesund im Glauben, in der Liebe, in der Geduld; daß alte Frauen ebenfalls sich benehmen, wie es Heiligen geziemt, daß sie nicht verleumderisch seien, nicht vielem Weingenuß frönen, sondern Lehrerinnen des Guten seien, damit sie die jungen Frauen dazu anleiten, ihre Männer und ihre Kinder zu lieben, verständig, keusch, haushälterisch, gütig, ihren Männern untertan zu sein, damit nicht das Wort Gottes verlästert

werde. Gleicherweise ermahne die jungen Männer, daß sie verständig seien." (Titus 2,2-6)

Aus der obigen Passage sehen wir, dass Gläubigen, unabhängig von ihrem Alter oder Geschlecht, geboten ist, Selbstbeherrschung zu üben. Der Befehl gilt für ältere Männer, ältere Frauen, jüngere Männer und jüngere Frauen.

Es ist unabdingbar für Führung:
„Nun soll aber ein Aufseher untadelig sein, eines Weibes Mann, nüchtern, besonnen, ehrbar, gastfrei, lehrtüchtig." (1. Timotheus 3,2)
„Sondern gastfrei, ein Freund des Guten, besonnen, gerecht, fromm, enthaltsam." (Titus 1,8)
Selbstbeherrschung ist für jeden, der nach christlicher Leiterschaft strebt, unverzichtbar. Du musst dich selbst unter Kontrolle haben, um anderen zu helfen, Selbstbeherrschung zu erlangen und die Dinge unter Kontrolle zu halten.

Mangelnde Selbstbeherrschung macht dich verwundbar:
„Wie eine Stadt mit geschleiften Mauern, so ist ein Mann, dessen Geist sich nicht beherrschen kann." (Sprüche 25,28)
„Entziehet euch einander nicht, außer nach Übereinkunft auf einige Zeit, damit ihr zum Gebet Muße habt, und kommet wieder zusammen, damit euch der Satan nicht versuche um eurer Unenthaltsamkeit willen." (1. Korinther 7,5).

In der Antike wurde die Stärke einer Stadt an der Stärke ihrer Mauern gemessen. Einer ohne Mauer war anfällig für Angriffe von Invasionstruppen. Hier vergleicht die Bibel Selbstbeherrschung mit den Mauern einer Stadt. Es sagt dir, dass du und ich ohne Selbstbeherrschung völlig anfällig für die Angriffe Satans werden. Fehlt dir Selbstbeherrschung? Dann bist du völlig anfällig für eine Niederlage. Mangel daran setzt dich den Versuchungen des Fleisches und des Teufels aus.

Es bereitet dich auf das Handeln vor:
„Es ist aber nahe gekommen das Ende aller Dinge. So seid nun

verständig und nüchtern zum Gebet." (1. Petrus 4,7)

„Darum umgürtet die Lenden eures Gemütes, seid nüchtern und setzet eure Hoffnung ganz auf die Gnade, die euch dargeboten wird in der Offenbarung Jesu Christi." (1. Petrus 1,13)

Wenn wir selbstbeherrscht sind, können wir beten. Wir sind zum Handeln bereit, bereit, uns mit dem Geist Gottes zu bewegen.

Wie man Selbstbeherrschung erlangt

Die Bibel weist uns an: **„So setzet nun all euren Fleiß zu dem hinzu und reichet dar in eurem Glauben die Tugend, in der Tugend aber die Erkenntnis, in der Erkenntnis aber die Enthaltsamkeit, in der Enthaltsamkeit aber die Ausdauer, in der Ausdauer aber die Gottseligkeit, in der Gottseligkeit aber die Bruderliebe, in der Bruderliebe aber die Liebe zu allen Menschen." (2. Petrus 1,5-7)**

Jetzt siehst du die Position, die Selbstbeherrschung in diesem Baum der Tugenden einnimmt. Ohne sie können die anderen Tugenden nicht herangefügt werden. Obwohl sie unverzichtbar ist, ist sie jedoch nicht auf dem Markt erhältlich, damit du und ich es kaufen könnten. Es ist ein Teil der Frucht des Geistes (Galater 5,23) Wenn wir sicherstellen, dass wir ein Leben erfüllt mit Gottes Geist führen, werden wir in der Lage sein, Selbstbeherrschung zu üben.

3). Wachsamkeit

„So lasset uns auch nicht schlafen wie die andern, sondern lasset uns wachen und nüchtern sein!" (1. Thessalonicher 5,6)

„Wachet…" (1. Korinther 16,13)

Um den Sieg zu behalten, musst du scharf wachsam sein, Ausschau halten und zu plötzlichen Aktionen bereit sein. Du musst wachsam sein vor dem Einfluss der Welt auf dich, vor den Tücken und Plänen Satans.

Beteilige dich niemals an etwas, das dich für plötzliches Handeln unfähig macht oder deine Fähigkeit und Disposition, wachsam und aufmerksam zu sein, beeinträchtigt. Die Frage, die wir uns alle gleichzeitig stellen müssen, lautet: „Was sind die Dinge, die dazu führen können, dass ich meine Wachsamkeit verliere?"

Wenden wir uns wieder dem Buch zu, um einige dieser Dinge zu untersuchen:

„Kommet alle her, ihr Tiere auf dem Felde, um zu fressen, ihr Tiere im Walde! Alle seine Wächter sind blind; sie wissen alle nichts; stumme Hunde sind sie, die nicht bellen können, sie liegen träumend da, schlafen gern; doch sind sie gierige Hunde, die nicht wissen, wann sie genug haben; und sie, die Hirten, verstehen nicht aufzupassen; sie suchen alle das Ihre, ein jeder sieht auf seinen Gewinn, ohne Ausnahme. «Kommt her», sagen sie, «ich will Wein holen, da wollen wir uns mit starkem Getränk berauschen, und morgen soll es gehen wie heute, ja noch viel großartiger!»" (Jesaja 56,9-12)"

Was stellen die Tiere des Feldes dar? Feinde der Herde Gottes, seines Volkes! Sie haben eine Einladung zu verschlingen und Verwüstung zu verursachen, wenn die Wächter – diejenigen, die zur Wachsamkeit berufen sind:

- Blind sind

- Wissen mangeln

- Nicht bellen können

Erstens besteht die Aufgabe des Wächters darin, Gefahren kommen zu sehen und die Menschen zu warnen. Seine Pflicht ist es, in der Kluft zwischen der Gefahr und den Menschen zu stehen. Wenn also die Wächter blind sind, würde die Gefahr unbemerkt kommen und die Menschen ohne Vorankündigung erreichen.

Zweitens besteht die Aufgabe des Wächters darin, den Stand der Dinge zu kennen – die Dinge, die inmitten der Menschen geschehen, zu deren Überwachung er berufen ist. Dieses Wissen leitet ihn, wie er beten soll, und wenn es fehlt, kann der Wächter nicht effektiv sein. Das Bellen des Wächters soll Eindringlinge und Unbefugte fernhalten. Es ist ein Signal an die Menschen, dass in der Umgebung etwas Seltsames vor sich geht. Wenn Wächter nicht bellen können, können Eindringlinge frei und ungehindert herumlaufen, ohne Angst vor Alarm zu haben.

Warum versagen die Wächter? Warum sind sie blind? Warum können sie nicht bellen?

i. Sie liegen herum und träumen:

Dies spricht von nichts als Leichtigkeit und Zerstreutheit. Sie sind sich ihrer Verantwortung nicht bewusst und können daher nur träumen. Jeder Liebhaber der Leichtigkeit und jeder, dem es an Konzentration mangelt, kann nicht wachsam sein.

ii. Sie lieben es zu schlafen:

Faulheit und Liebe zum Schlafen sind eine weitere Ursache dafür, dass man nicht aufpasst. Wenn jemand, der berufen ist, wach zu bleiben und wachsam zu sein, es liebt zu schlafen, dann kann es ihm nicht gelingen, Wache zu halten. Es gibt einen solchen Mann, der beschloss, mitten im Krieg schlafen zu gehen (König Saul, siehe 1. Samuel 26). Anstatt wachsam zu sein, schlief er ein und sein Feind David „Nahm den Speer und den Wasserkrug zu den Häupten Sauls, und sie gingen hin." (1. Samuel 26,12) Wurden dir aus Liebe zum Schlaf deine Waffe und Nahrung genommen? Bist du wie König Saul der Gnade deines Feindes ausgeliefert? Wie lange sollst du in deinem Schlummer bleiben? Es gibt ein englisches Sprichwort, das besagt: „Lasst den schlafenden Hund liegen", aber die Bibel sagt: **„Wache auf, der du schläfst, und stehe auf von den Toten." (Epheser 5,14)**

iii. Sie haben großen Appetit:

Das ist nichts als die Liebe zum Essen. Niemand, der ein Liebhaber von Lebensmitteln ist, kann erfolgreich Wache halten. Die Liebe zum Essen ist eine Resignation von Konzentration und Wachsamkeit.

iv. Sie haben nie genug:

Derjenige, dem es an Zufriedenheit mangelt, würde sogar den Angeboten des Feindes nachlaufen. Der Wachhund, der mit dem Angebot seines Herrn nicht zufrieden ist, wird mit dem abgelenkt, was der Feind ihm entgegenwirft, um Zugang zu haben, während der Hund sich selbst beschäftigt. Mangel an Zufriedenheit ist die Ursache für die Niederlage und den Untergang so vieler Leben. Wenn ich dich etwas fragen darf, bist du zufrieden? Besitzt du das seltene Juwel christlicher Zufriedenheit oder gehörst du zu denen, die hemmungslos nach immer mehr verlangen?

v. Sie haben kein Verständnis:

Wir alle müssen die Zeiten verstehen, in denen wir leben, um wachsam zu sein. Wir müssen die Ereignisse verstehen, die sich ereignen. Ein Mangel an diesem Verständnis wird dazu führen, dass wir nicht wachsam sind.

vi. Sie alle wenden sich ihren eigenen Wegen zu:

Erinnerst du dich an die berühmte Passage in Jesaja 53? **„Wir gingen alle in der Irre wie Schafe, ein jeder wandte sich auf seinen Weg."** (Jesaja 53,6) Wenn wir uns unseren eigenen Wegen zuwenden, um die Dinge zu tun, die wir uns selbst ausgesucht haben, verlieren wir die Fähigkeit, wachsam und handlungsbereit zu sein. Es gibt keine größere Täuschung als einen Mann, der seinen eigenen Wegen folgt und dennoch glaubt, er sei immer noch auf dem richtigen Weg, während er so weit von dem entfernt ist, wo Gott ihn haben möchte, wie der Osten vom Westen.

vii. Jeder sucht seinen eigenen Gewinn:

Wir sind aufgerufen, „zuerst sein Reich und seine Gerechtigkeit zu suchen". Wenn wir unserem persönlichen Vorteil hinterherlaufen, lenken wir unseren Fokus von ihm auf uns selbst und die Dinge, denen wir hinterherlaufen. Ich fürchte, dass, während die Gläubigen der frühen Kirche dem Teufel erlaubten, sich zu schnell in die Kirche einzuschleichen, die moderne Kirche dies mit einer alarmierenden Geschwindigkeit tut, weil **„Sie suchen alle das Ihre, nicht das, was Christi Jesu ist!"** (Philipper 2,21)
Jeder scheint nach persönlichem Vorteil Ausschau zu halten und die Kirche scheint in einem Riss zu sein, ohne Bereitschaft, ihr erobertes Territorium zu bewachen. Achtest du darauf, dass die Interessen Christi durch das Kreuz gesucht werden und sonst nichts? Wenn nicht, dann kannst du nicht wirklich wachsam sein.

viii. Verlangen nach Lust:

Der Liebhaber des Vergnügens kann nicht wachsam sein. Nichts raubt spirituelle Energie und die Fähigkeit, Wache zu halten, wie es das Vergnügen tut. Möchtest du wachsam sein? Dann halte dich von der Liebe der Lust und Frivolität fern. Gib dich nicht einem Leben hin, das seine Befriedigung im Vergnügen zu finden sucht. Das Gebet ist eine Möglichkeit, Wachsamkeit zu üben. **„Bei allem Gebet und Flehen aber betet jederzeit im Geist, und wachet zu diesem Zwecke in allem Anhalten und Flehen für alle Heiligen."** (Epheser 6,18)
Wir müssen beten und konstant ersuchen, um unser erobertes Territorium zu erhalten. Wir müssen auch auf das Kommen des Königs achten: **„Von jenem Tage aber und der Stunde weiß niemand, auch nicht die Engel im Himmel, auch nicht der Sohn, sondern nur der Vater. Sehet zu, wachet und betet! Denn ihr wisset nicht, wann die Zeit da ist."** (Markus

13,32-33) Das Leben im Bewusstsein seiner bevorstehenden Wiederkunft wird dir helfen, wach und aufmerksam zu bleiben, bereit für
Um ihn zu treffen. Wisse, dass dein Meister wiederkommt, und dass er bald kommt.

4). Dem Teufel widerstehen

„So unterwerfet euch nun Gott! Widerstehet dem Teufel, so flieht er von euch." (Jakobus 4,7)

„Dem widerstehet, fest im Glauben, da ihr wisset, daß eure Brüder in der Welt die gleichen Leiden erdulden." (1. Petrus 5,9)

Uns wurde befohlen, dem Teufel zu widerstehen, was bedeutet, dass wir gegen ihn vorgehen müssen, um die Aktivitäten und Pläne Satans zu stoppen, zu verhindern und zu besiegen. Das griechische Wort, das in beiden obigen Versen verwendet wird, ist „anthistemi", das sich aus zwei anderen griechischen Wörtern zusammensetzt: „anti", was Kontrast bedeutet, und „histemi", was stehen bedeutet. (siehe 436, 473 und 2476 des griechischen Wörterbuchs in Strongs umfassender Konkordanz). Es spricht also von aktivem Widerstand gegen den Teufel. Lasse uns im nächsten Kapitel einige Strategien besprechen, um dem Teufel zu widerstehen.

Kapitel 10

Deine Gegenstrategie 2

Wie man dem Teufel widersteht

i. Durch Gotteserkenntnis:
„Und er wird die, welche gegen den Bund freveln, durch Schmeicheleien zum Abfall verleiten; die Leute aber, die ihren Gott kennen, bleiben fest." (Daniel 11,32)

Es gibt Zeiten, in denen der Teufel nur Schmeichelei und Subtilität einsetzen kann, um Boden zu gewinnen. Die einzigen Menschen, die ihm widerstehen können, sind diejenigen, die ihren Gott kennen. Das hebräische Wort, das hier für „wissen" verwendet wird, ist „yada", das gleiche Wort, das verwendet wird, um die sexuelle Beziehung zwischen einem Mann und einer Frau zu beschreiben (3045, Strong's Hebrew Wörterbuch). Somit ist das „Wissen" hier kein mentales Wissen, sondern das der echten Intimität mit Gott. Dies ist die Art von Wissen, die der Schmeichelei und Täuschung Satans festen Widerstand leistet.

Es ist das gleiche Wort, das in Jeremia 9,24 verwendet wird. Gott erfreut sich daran, dass wir ihn als jemanden kennen, der Freundlichkeit, Gerechtigkeit und Rechtschaffenheit zum Ausdruck bringt. Seine

Freundlichkeit umfasst seine Barmherzigkeit, sein Mitgefühl, seine Zärtlichkeit, seine Güte usw. Er möchte, dass wir ihn als einen kennen, der das Beste für uns sucht. Er möchte, dass wir wissen, dass er kein strenger Gott ist, kein rücksichtsloser Zuchtmeister. Dies würde dir helfen, den Lügen des Teufels zu widerstehen, die andeuten könnten, dass Gott dich weder liebt noch sich um dein Wohlergehen kümmert.

Wenn du ihn in seiner Gerechtigkeit kennst, wirst du verstehen, dass er niemals seine Prinzipien der Gerechtigkeit verletzen wird, wie sie in seinem ewigen Wort offenbart sind. Es lässt dich wissen, dass jedes seiner Worte, die sein Urteil über die Sünde darlegen, sich erfüllen wird. Es wird dich wissen lassen, dass jeder, der in der Sünde bleibt, die Folgen der ewigen Verdammnis ernten wird. Dies wird dich davon abhalten, den Lügen des Feindes zu glauben, die besagen, dass Gott so freundlich und großzügig ist, dass er niemand in die Hölle schicken würde. Erkenne ihn in seiner Gerechtigkeit, dass alles, was er tut, gerecht ist, dass er ein Gott ist, in dem es keine Sünde oder Vergehen gibt. Kenne deinen Gott!

ii. Durch Hingabe an Gott:
„So unterwerfet euch nun Gott! Widerstehet dem Teufel, so flieht er von euch-" (Jakobus 4,7)
Wenn du dich Gott demütig hingibst und dich seinen Plänen und Werken in deinem Leben unterwirfst, stellst du dich Satans Plänen für dich entgegen und widerstehst ihm daher.

iii. Durch Intimität mit Gott:
„Nahet euch zu Gott, so naht er sich zu euch!" (Jakobus 4,8a)
Sich Gott zu nähern bedeutet, ihm nahe und vertraut zu werden.

iv. Durch Reinheit des Herzens:
„Reiniget die Hände, ihr Sünder, und machet eure Herzen keusch, die ihr geteilten Herzens seid!" (Jakobus 4,8b)

Denke daran, wir sagten, die Hauptaufgabe des Teufels sei es, uns vor dem Vater anzuklagen. Wenn wir unsere Herzen reinigen und ein reines Leben führen, reißen wir ihm den Boden unter den Füßen weg und widerstehen ihm dadurch, d.h. wir stellen uns ihm aktiv entgegen.

5. Stehe fest in deinem Glauben

„Dem widerstehet, fest im Glauben, da ihr wisset, daß eure Brüder in der Welt die gleichen Leiden erdulden." (1. Petrus 5,9)

„Darum, meine geliebten Brüder, seid fest, unbeweglich, nehmet immer zu in dem Werke des Herrn, weil ihr wisset, daß eure Arbeit nicht vergeblich ist in dem Herrn!" (1. Korinther 15,58)

"Wachet, stehet fest im Glauben, seid männlich, seid stark!" (1. Korinther 16,13)

Fest zu stehen und sich von nichts bewegen zu lassen, erfordert Kraft und Mut. Wir müssen zulassen, dass der Geist uns jeden Tag erfüllt und uns dazu inspiriert, mutig zu sein, wie er es mit den Aposteln in alter Zeit getan hat. Wenn du dich eines bewusst sein solltest, dann ist es, dass Standhaftigkeit keine Option ist, sondern ein Muss. Es steht geschrieben: „Glaubet ihr nicht, so bleibet ihr nicht!" (Jesaja 7,9b) Also, entweder du stehst fest oder du stehst nicht! Keine Mitte dazwischen.

Stehst du fest? Es ist ein Muss, wenn du dich weiterhin gegen das Werk Satans stellen (widerstehen) möchtest.

Warum du hartnäckig bleiben solltest

„Mose sprach zum Volk: Fürchtet euch nicht, tretet hin und sehet, was für ein Heil der HERR heute an euch tun wird; denn diese Ägypter, die ihr heute sehet, sollt ihr nimmermehr sehen ewiglich!" (2. Buch Mose 14,13)

„Aber es ist nicht an euch, daselbst zu streiten. Tretet nur hin und bleibet stehen und sehet das Heil des HERRN, mit welchem er euch hilft! O Juda und Jerusalem, fürchtet euch nicht und verzaget nicht! Morgen ziehet aus wider sie, der HERR ist mit euch!" (2. Chronik 20,17)

Wie ich bereits sagte, braucht es bestimmte Tugenden, um standhaft zu bleiben: Furchtlosigkeit, Mut und Stärke.

Es wird bedeuten, den Feind zu konfrontieren, wenn es nötig ist. Und wenn du das tust, wird die Befreiung sicher kommen. Wirst du dich der Festung des Feindes in deinem Leben stellen? Wirst du Mut sammeln und deine Erlösung erlangen?

- **Festhalten bringt großen Sieg**

„Und nach ihm Eleasar, der Sohn Dodos, des Achochiters; er war unter den drei Helden mit David, als sie die Philister verhöhnten; diese sammelten sich dort zum Streit, aber die Männer von Israel zogen hinauf; er jedoch erhob sich und erschlug unter den Philistern, bis seine Hand müde wurde und am Schwerte klebte. So verlieh der HERR an jenem Tage einen großen Sieg; das Volk kehrte um hinter ihm her, doch nur um zu plündern. Und nach ihm Schamma, der Sohn Ages, des Harariters. Als sich die Philister zu Lechi zusammenscharten, war daselbst ein Ackerstück voll Linsen; als das Volk vor den Philistern die Flucht ergriff, trat er mitten auf das Ackerstück und verteidigte es und schlug die Philister, und der HERR verlieh einen großen Sieg." (2. Samuel 23,9-12)

Die Kirche braucht heute Eleasars und Shammahs, Männer und Frauen, die sich behaupten, wenn sich alle anderen zurückziehen. Die Kirche braucht tapfere Männer und Frauen, die sich inmitten jeder Schlacht behaupten werden, um bereits erobertes Territorium für Gott zu bewahren, um den täglichen Sieg über die eindringenden Mächte der Hölle zu erringen.

Wie man standhaft bleibt

i. Entscheide dich:

„Für die Freiheit hat uns Christus befreit; so stehet nun fest und lasset euch nicht wieder in ein Joch der Knechtschaft spannen!" (Galater 5,1)

Du musst dich entscheiden, standhaft zu bleiben und dich nicht von einer Täuschung des Feindes mitreißen zu lassen. „Lass nicht ..." bedeutet, dass es in deiner Macht steht, weiter standhaft zu bleiben oder aufzugeben. Stehe auf Gottes Verheißungen (auf seinem Wort): **„Und zog mich aus der Grube des Verderbens, aus dem schmutzigen Schlamm, und stellte meine Füße auf einen Fels, machte meine Schritte gewiß." (Psalm 40,2)** Was ist dieser feste Ort, auf dem man stehen kann? Gottes Wort! Alles andere, worauf du stehst, wird Schlick und Schlamm sein. Der einzig sichere Ort, an dem man stehen und standhaft bleiben kann, ist das geschriebene und gesprochene Wort Gottes. Du willst standhaft bleiben? Dann steh auf die Verheißungen Gottes und nur auf sie.

Die Möglichkeit eines jeden, fest zu stehen, liegt in der Art des Ortes oder der Oberfläche, auf der er steht. Jede Anstrengung, auf Schleim oder Schlamm standhaft zu bleiben, wird Zeitverschwendung sein.

ii. Halte fest, was du weißt:

„So stehet denn nun fest, ihr Brüder, und haltet fest an den Überlieferungen, die ihr gelehrt worden seid, sei es durch ein Wort oder durch einen Brief von uns." (2. Thessalonicher 2,15)

Um standhaft zu bleiben, musst du an der Wahrheit und der gelehrten gesunden Lehre festhalten. Indem man jede offenbarte Wahrheit ablehnt, beginnt man wegzudriften. Irgendwo steht geschrieben: „Darum sollen wir desto mehr auf das achten, was wir gehört haben, damit wir nicht etwa daran vorbeigleiten." (Hebräer 2,1) Bibelwahrheiten abzulehnen bedeutet, den Anker abzulehnen, an dem dein Boot befestigt werden sollte, um es zu sichern. Halte an der Wahrheit fest, die du kennst. Es ist keine Option, aber ein Muss, „wir müssen zahlen …" klingt das nach Lust, es zu tun, nur dann wenn du Lust dazu hast?

iii. Sei geduldig:

„Geduldet auch ihr euch, stärket eure Herzen; denn die Wiederkunft des Herrn ist nahe!" (Jakobus 5,8)

Du musst geduldig mit dir selbst sein, geduldig mit anderen und geduldig mit Gott. Gib Gott Zeit, in dir zu wirken und sein Wort in deinem Leben zu erfüllen. Viele Menschen fallen, weil sie irgendwann ungeduldig mit Gott werden und anfangen, an den Worten Gottes und sogar an ihrer eigenen Errettung zu zweifeln. Dies gibt dem Teufel Anlass, mehr Zweifel in ihre Herzen zu bringen, und das Ergebnis ist, dass die Wahrheiten, die sie einst kannten und an die sie glaubten, aufgegeben werden. Du musst geduldig sein.

iv. Legt Gottes Waffenrüstung an:

(Siehe Epheser 6:11-17.)

Jeder Teil dieser Rüstung ist wichtig. Wenn du einen Teil weglässt, machst du dich anfällig für Niederlagen. Stelle sicher, dass, wo die Pflicht ruft, wann immer sie ruft, du an keinem Teil mangelhaft befunden wirst.

6). Habe ein vergebendes Herz

„Wem ihr aber etwas vergebet, dem vergebe ich auch; denn wenn ich etwas vergebe, so vergebe ich es um euretwillen, im Blick auf

Christus, damit wir nicht vom Satan übervorteilt werden; denn seine Anschläge sind uns nicht unbekannt." (2. Korinther 2,10-11)

Wenn Unversöhnlichkeit in welchem Ausmaß auch immer im Herzen gehalten wird, gibt es Satan einen Grund, seine Listen und Pläne anzuwenden. Wieso denn? Weil Unversöhnlichkeit Hass gebären wird und schließlich wird Rache folgen. Unversöhnlichkeit wird auch Wut hervorbringen und die Präsenz von Wut im Herzen gibt dem Teufel Halt.

7). Verwende das Blut:
„**Und sie haben ihn überwunden durch des Lammes Blut…**" **(Offenbarung 12,11)**

Wir können das Blut des Lammes nur dann effektiv nutzen, wenn wir wachsam sind, fest stehen, selbstbeherrscht sind und dem Teufel widerstehen. Es gibt viele Menschen, die versuchen, das Blut zu verwenden, wenn sie weder fest in ihrem Glauben stehen noch den biblischen Maßstäben entsprechen. Das kann nichts als Täuschung sein und sie stellen bald fest, dass es für sie nicht funktioniert. Um das Blut zu verwenden, muss man im richtigen Verhältnis zu Gott stehen.

8). Verwende das Wort:

Als der Teufel seinen Angriff auf den Herrn in der Wüste startete, benutzte unser Herr das Wort, um ihn zu besiegen. Auch du kannst das Wort verwenden, um den Feind zu besiegen. Sprich ihm das Wort Gottes aus, wenn er angreift. Es ist eine mächtige Waffe.

Außerdem sagt die Bibel: „Und sie haben ihn überwunden durch des Lammes Blut und durch das Wort ihres Zeugnisses…" (Offenbarung 12,11) Gottes Güte zu verbreiten und zu verkünden, deine Segnungen zu zählen und sie zu benennen, wird den Feind in die Flucht schlagen. Du kannst all dies nutzen, um deinem Feind entgegenzuwirken und deinen gottgegebenen Sieg aufrechtzuerhalten.

Kapitel 11

Das Monster töten
(Der Umgang mit der größten Einschränkung)

Du fragst dich vielleicht, was dieses Ding von einem Monster ist. Einige haben sich schnell dem Teufel zugewandt, weil sie dachten, er sei das Monster, das getötet werden muss. Nun, er kann nur von Gott selbst getötet werden, und bald kommt die Zeit, in der er und seine Aktivitäten in den Feuersee geschleudert und endgültig beendet werden.

Das Monster, auf das ich mich beziehe, ist das Ding namens Sünde. Nichts schränkt die Möglichkeiten des Gläubigen so ein wie die Sünde. Wenn du dieses Monster tötest, wirst du es mit der größten Einschränkung zu tun haben, die die Menschheit geplagt hat und die du jemals konfrontieren kannst. Und dabei werden alle anderen Begrenzungen dauerhaft geschwächt.

Die einfache Wahrheit ist, dass zu viele von uns ein sehr oberflächliches Verständnis davon haben, was Sünde ist, ihre Auswirkungen und Schäden. Das sieht man übrigens auch in dem, wie bekennende Christen sich in ihrem Alltag mit der Sünde in ihren unterschiedlichen Erscheinungsformen auseinandersetzen.

Diese Lehre soll uns ein tieferes Verständnis dessen vermitteln, was die Bibel über Sünde lehrt, nicht für irgendein geistiges Wissen, sondern für Wissen, das das Herz berührt und Freiheit im Geist bringt, was zu geistlicher Erfüllung führt.

Seine Manifestationen (was Sünde ist)

„Sünde" scheint ein sehr allgemeiner Begriff zu sein, wie er in der Bibel verwendet wird. Es gibt hauptsächlich vier Wörter, die in der Bibel verwendet werden, sowohl im Alten als auch im Neuen Testament, um „Sünde" zu bedeuten. Sie sind: Sünde, Übertretung, Bosheit und Ungerechtigkeit.

Wir werden jede davon in den verschiedenen Formen untersuchen, in denen sie in beiden Testamenten verwendet werden, damit wir am Ende dieser Studie wissen können, wann, wie und warum Sünde begangen wird und wann, wie und warum Sünde bekannt wird.

Die Sünde

In der Bibel werden eine Reihe von hebräischen und griechischen Wörtern verwendet, die in unseren englischen Bibeln mit „Sünde" übersetzt werden. Wir werden einige von ihnen untersuchen, die uns bei unserem Studium helfen werden:

➤Ashâm: dies wird mit „ein Fehler" übersetzt. In unserer englischen Sprache kann ein Fehler ein leichtes Vergehen, Versäumnis oder Fahrlässigkeit bedeuten. Daher ist die Vernachlässigung oder Nichterfüllung unserer christlichen Pflichten gegenüber einander und gegenüber den Unerretteten in den Augen Gottes Sünde. Unsere Vernachlässigung des Gebets und alles, was uns dazu bringt, in unserem Wissen und Dienst für ihn und für die Menschheit zu wachsen, ist Sünde. Das obige Wort wird auch verwendet, um die Vernachlässigung Gottes durch die Welt zu beschreiben (Jeremiah 51,5). Betrachte deine Vernachlässigung deiner Pflichten als Christ nicht auf die leichte Schulter. In Sprüche 14,9 heißt es: „Die Narren treiben das Gespött mit der Sünde (ashâm)." (LB, Hervorhebung von mir). Deshalb erwartet Gott von uns, dass wir unser Versagen und unsere Nachlässigkeit genauso ernst nehmen wie einen Mord.

➤Chêt: Dies wird übersetzt als „ein Verbrechen". Ein Verbrechen ist jeder schwere Verstoß gegen die Moral oder die soziale Ordnung. Es ist alles

Böse. Dies bezieht sich sowohl auf unsere Taten (Hosea 13,12; Hesekiel 3,21; Jeremia 32,35) als auch auf unsere Worte (Prediger 5,6).

➢châttâ'ah: dies wird übersetzt als „ein gewohnheitsmäßiges Vergehen". Dies sind Fehler, die im Leben des Betroffenen zu Gewohnheiten geworden sind und daher als normal angesehen werden. Dazu gehören Verspätung, Orgien, Glücksspiel usw.

➢âvôn, was mit Perversität übersetzt wird. Perversität ist der Zustand des Perversseins – alles, was anders ist oder vom Korrekten abweicht. Homosexualität, Lesbianismus, Pädophilie, Masturbation usw. fallen alle in diese Kategorie.

➢Peshâ, was mit „Rebellion" übersetzt wird. Rebellion ist Widerstand gegen jede Autorität oder etablierten Gebrauch. Wenn wir uns der Autorität nicht unterwerfen, „peshâ". Wenn wir Dinge für den falschen Zweck verwenden, z.B. deinen Mund zu benutzen, um zu fluchen (Sprüche 10,19), ist pesha.

➢Ashmâh, shâgâh: beide Wörter beziehen sich eher auf die Ursache der Handlung als auf die Handlung selbst; das, was einen Menschen dazu bringt, sich zu irren, sich zu verirren und umherzuirren. Alles, was durch Unwissenheit irreführt oder täuscht oder zur Sünde führt. Alles, was dich dazu bringt, von göttlichen Prinzipien abzuweichen, fällt in diese Kategorie. Alles, was in deinem Leben mit Gott konkurriert, fällt in diese Kategorie, weil es dich dazu bringt, Gott nicht den Platz einzuräumen, den er verdient. Schauen wir uns nun einige praktische Beispiele an: Fernsehen und Unterhaltung im Allgemeinen werden zur Sünde, wenn sie dazu führen, dass wir unseren Fokus verfehlen. Filme werden zur Sünde, wenn sie dich dazu bringen, vom richtigen Weg und Verhalten abzuweichen, wenn sie dich dazu bringen, auch nur für einen Moment gottlose Gedanken und Motive und Wünsche zu hegen. Beziehungen oder materielle Besitztümer werden zur Sünde, wenn sie uns im Leben irreführen. Bringe deine Beziehungen dazu, dich deinem von Gott bestimmten Schicksal zu nähern oder dich von ihnen zu entfernen?

Eine Reihe von griechischen Wörtern, die im Neuen Testament verwendet werden, werden auch mit „Sünde" übersetzt:

➢Hamartanō: dies bedeutet, das Ziel zu verfehlen, d.h. die Erwartungen Gottes, wie sie in seinen Gesetzen, Verordnungen, Geboten und

Grundsätzen zum Ausdruck kommen, nicht zu erfüllen.

➤Hamartia bezieht sich auf die sündige Natur des Menschen. Das, was der Mensch nicht aufgrund seiner eigenen Taten erlangte, sondern aufgrund des ursprünglichen Falls.

➤Paraptōma: dies bedeutet ein Ausrutschen, eine Verfehlen oder eine Abweichung, ein unbeabsichtigter Fehler oder ein Sturz. All diese Dinge, die du tun kannst, die falsch sind, aber nicht beabsichtigt waren fallen in diese Kategorie. Es sind Sünden, die nicht geplant oder vorsätzlich waren.

➤Parabasis: übersetzt als Verletzung; brechen. Dies sind Handlungen oder Worte, die absichtlich nicht mit festgelegten moralischen und spirituellen Gesetzen übereinstimmen.

Übertretung

Auch hier werden wir nur einige Wörter untersuchen, die sowohl im hebräischen Alten Testament als auch im griechischen Neuen Testament verwendet werden und mit „übertreten" oder „Übertretung" übersetzt werden.

Im hebräischen Alten Testament haben wir Wörter wie:

➤Bâgad: das bedeutet, im Verborgenen zu handeln. Alles, was mit der Absicht getan wird, es zu verbergen, ist Sünde. Zum Beispiel kann ein Mann einer Frau ein Geschenk machen oder umgekehrt mit der Absicht, dass niemand sonst jemals davon erfahren sollte, oder einen Brief schreiben, von dem er wünscht, dass niemand den Inhalt dieses Briefes kennt.

➤mâ'al: was „vertuschen" bedeutet. Dies sind Handlungen oder Worte, die man verwenden kann, um die wahren Motive von etwas zu verschleiern. Z.B. ein Mann kann einem anderen ein Geschenk machen, um die Gunst des anderen zu gewinnen, während er so tut, als wäre er nur großzügig, oder er kann eine Frage stellen, um etwas anzudeuten oder anzustiften, während er vorgibt, nur etwas wissen zu wollen.

➤ma'al: was Verrat oder Lüge bedeutet. Dies ist eng verwandt mit dem oben beschriebenen Wort, das alles Falsche bezeichnet, geht aber weiter und schließt Handlungen ein, die das Vertrauen oder die Loyalität verletzen, Betrug, Mogeln und Untreue.

➤´âbar: bedeutet überqueren. Damit wird das Überschreiten

vorgeschriebener Grenzen bezeichnet, z.B. das Betreten eines Raums, in den du keinen Zutritt hast oder das Lesen vertraulicher Dokumente eines anderen. Im Allgemeinen, etwas außerhalb der angemessenen Grenzen.

➤Pâshâ: sich von gerechter Autorität lösen. Dies spricht von der Tendenz und den Akten der Unabhängigkeit von jeglicher Autorität über das eigene Leben. Die Weigerung, irgendjemandem Rechenschaft abzulegen, ist Sünde. Dazu gehört auch die Tendenz des Menschen, von Gottes Herrschaft unabhängig zu sein.

Einige der im griechischen Neuen Testament verwendeten Wörter sind:

➤Anŏmia: Illegalität; Verstoß gegen das Gesetz, z.B. Autofahren ohne Führerschein, Autofahren ohne Versicherung, uberladen Autofahren, Überschreiten von Geschwindigkeitsbegrenzungen usw. sind alle illegal und werden daher in den Augen Gottes als Übertretung angesehen.

➤Parabainō: im Gegensatz zu stehen. Es gibt Menschen mit der Tendenz, immer das Gegenteil einer gegebenen Anweisung zu tun, z.B. „Niemand sollte zu spät kommen", eine solche Person wird alles tun, um zu spät zu kommen, selbst wenn sie die Möglichkeit hätte, früh zu sein, oder „lasst uns alle morgen fasten", und eine solche Person wird sich entscheiden, zu essen. Auch das ist Übertretung.

Hausfriedensbruch

Hausfriedensbruch bedeutet „vorsätzlich und gewaltsam die Persönlichkeits- oder Eigentumsrechte eines anderen zu verletzen". Es bedeutet auch, die Grenzen des Anstands oder der Rechtschaffenheit zu überschreiten.

Es hat eine ähnliche Bedeutung wie das hebräische âshâm und peshâ, jedoch mit der Besonderheit der Verletzung von Persönlichkeitsrechten.

Ungerechtigkeit

Ungerechtigkeit bedeutet Abweichung vom Recht; grobe Ungerechtigkeit; falsche Handlung; ungerechte Sache oder Tat.

Wir werden die Wörter in beiden Testamenten untersuchen, um die volle Bedeutung dieses Begriffs herauszuarbeiten.

Im hebräischen Alten Testament werden die folgenden Wörter verwendet:

➢ `âven: bedeutet nach Eitelkeit hecheln oder sich anstrengen. Dies spricht von der Torheit, dem nachzulaufen, dem die Welt hinterherläuft, von keinem Nutzen oder Wert in der Ewigkeit, sondern von der Steigerung des Lebensstolzes der Menschen.

➢ Havvâh: eifrig zu begehren; Ungezogenheit. Alle kleinen Ungehorsamkeiten, Gier usw. fallen in diese Kategorie.

➢ Âvâh: zu gaunern, jemandem etwas Falsches anzutun.

➢ Âmâl: Sorge um Geist oder Körper. Es gibt keinen berechtigten Grund für die Sorge des Geistes oder des Körpers. Das ist Ungerechtigkeit in den Augen Gottes.

Im Neuen Testament haben wir Wörter wie „adikēma", was „falsch gemacht" bedeutet, und „adikia", was „Ungerechtigkeit" bedeutet. Daher ist jedes Fehlverhalten Sünde sowie jeder Akt der Ungerechtigkeit und Parteilichkeit.

Die obigen detaillierten Beschreibungen haben uns gezeigt, was Sünde ist, wann Sünde begangen wird, wie Sünde begangen wird und in gewissem Maße warum Sünde begangen wird. Das nächste Kapitel soll uns die Gefahren der Sünde zeigen – was die Sünde einem Menschen antut.

Kapitel 12

Die zerstörerische Kraft der Sünde

Was macht die Sünde mit einem Menschen!

Die Sünde ist die größte Einschränkung des Menschen:
„Bekehre dich, Israel, zu dem HERR, deinem Gott; denn du bist gefallen um deiner Missetat willen." (Hosea 14,1)

Ein Untergang ist das, was einen Menschen dazu bringt, nach unten zu fließen oder nach unten zu zielen. Sünde ist das, was einen Menschen dazu bringt, weit unter seinen von Gott gegebenen Möglichkeiten zu handeln, wie wir sehen werden.

◆ **Die Sünde beraubt einen Mann seiner Salbung:**

„Verwirf mich nicht von deinem Angesicht und nimm deinen heiligen Geist nicht von mir." (Psalm 51,11)

Als David sündigte, bat er Gott, ihm den Heiligen Geist nicht zu nehmen. Er verstand, dass die Sünde einen Menschen seiner Salbung und seines Rechts auf die Salbung des Geistes beraubt. Über den Herrn Jesus sagt der Vater: „Du hast geliebt die Gerechtigkeit und gehaßt die Ungerechtigkeit; darum hat *dich*, o Gott, *gesalbt* dein Gott mit dem Öl der Freuden über deine Genossen." (Hebräer 1,9, Hervorhebung von mir) Warum wurde er gesalbt? Weil er Gerechtigkeit liebte und Bosheit hasste. Niemand, der in irgendeiner Weise Sünde praktiziert oder lebt, hat ein Recht auf die Salbung des Geistes.

* ◆ **Die Sünde raubt den Mensch seiner Sicht und seiner Kapazität zu sehen:**

„Und sprach: Mein Gott, ich schäme mich und scheue mich, meine Augen aufzuheben zu dir, mein Gott; denn unsre Missetat ist über unser Haupt gewachsen und unsre Schuld ist groß bis in den Himmel." (Esra 9,6)

Wenn du in einem Raum sitzt, kannst du nur bis zur Decke dieses Raumes nach oben sehen. Ein Mensch kann nur so weit sehen, wie es ihm das erlaubt, was ihm die Sicht versperrt. Wenn die Sünden eines Menschen höher sind als sein Haupt, dann kann er nicht weiter als bis zu seinen Sünden sehen, sondern nur bis zur Ebene seiner Sünden. Deshalb kann der Sünder nur das Jetzt sehen. Er oder sie interessiert sich nur für die Freuden von jetzt, die Gewinne von jetzt und die Befriedigung von jetzt. Die Sünde blockiert den Blick eines Mannes auf die Ewigkeit und das Ewige, und alles, woran er oder sie denken kann, ist das Vergängliche.

◆ **Die Sünde macht einen Menschen handlungsunfähig und macht ihn unproduktiv oder unterproduktiv:**

„Hab ich meine Hand an den Waisen gelegt, weil ich sah, daß ich im Tor Helfer hatte? So falle meine Schulter von der Achsel, und mein Arm breche von der Röhre." (Hiob 31,21-22)

Wenn der Arm eines Mannes aus seinem Gelenk ausgerenkt und von seiner Schulter abgebrochen wird, gibt es dann eine bessere Möglichkeit, einen Mann außer Gefecht zu setzen? Ein arbeitsunfähiger Mensch wird unproduktiv. Deshalb hat ein Sünder im Haus Gottes keine Verwendung. Die Sünde wird dich daran hindern, von Gott benutzt zu werden.

◆ **Die Sünde beraubt einen Menschen seiner Würde:**

„Wie ist das Gold so gar verdunkelt und das feine Gold so häßlich geworden und liegen Steine des Heiligtums vorn auf allen Gassen zerstreut! Die edlen Kinder Zions, dem Golde gleich geachtet, wie sind sie nun den irdenen Töpfen gleich, die ein Töpfer macht!" (Klagelieder 4,1-2)

Die Würde und Herrlichkeit eines jeden Kindes Gottes liegt darin, dass es das Leben führt, zu dem Gott es berufen hat; ein Leben in Heiligkeit und abgesondert für Gott. Israel wurde wertlos, weil sie nicht als Gottes eigenes

Volk lebten und anfingen, Götzen wie die Heiden anzubeten. Wenn ein Kind Gottes anfängt, sorglos zu leben, wie es die Heiden tun, verliert es seinen oder ihren Wert in den Augen Gottes.

◆ **Die Sünde beraubt einen Menschen Gottes Begünstigung:**

„Sondern eure Untugenden scheiden euch und euren Gott voneinander, und eure Sünden verbergen das Angesicht vor euch, daß ihr nicht gehört werdet." (Jesaja 59,2)

„Darum, wenn ihr nun zum HERRN schreien werdet, wird er euch nicht erhören, sondern wird sein Angesicht vor euch verbergen zur selben Zeit, wie ihr mit euren bösen Wesen verdient habt." (Micha 3,4)

Gottes Gesicht und Hand repräsentieren seinen Segen und seine Gunst. Welches größere Weh gibt es für einen Mann, der schreit, ohne dass Gott ihm in Zeiten der Not hilft? Gott sagt in seinem Wort: „Und rufe mich an in der Not, so will ich dich erretten, so sollst du mich preisen." (Psalm 50,15), aber die Sünde wird ihn davon abhalten, dieses Versprechen in deinem Leben zu erfüllen.

◆ **Die Sünde erhebt die Feinde eines Menschen über ihn:**

„Aber da sie des HERRN, ihres Gottes, vergaßen, verkaufte er sie unter die Gewalt Siseras, des Feldhauptmanns zu Hazor, und unter die Gewalt der Philister und unter die Gewalt des Königs der Moabiter, die stritten wider sie. Und sie schrieen zum HERRN und sprachen: Wir haben gesündigt, daß wir den HERRN verlassen und den Baalim und den Astharoth gedient haben; nun aber errette uns von der Hand unserer Feinde, so wollen wir dir dienen." (1. Samuel 12,9-10)

„Israel hat sich versündigt, sie haben meinen Bund übertreten, den ich ihnen angeboten habe, und haben des Verbannten etwas genommen und gestohlen und es verleugnet und unter eure Geräte gelegt. Die Kinder Israel können nicht stehen vor ihren Feinden, sondern müssen ihren Feinden den Rücken kehren; denn sie sind im Bann. Ich werde hinfort nicht mit euch sein, wo ihr nicht den Bann aus euch vertilgt." (Josua 7,11-12)

Sobald es Sünde in deinem Leben gibt, kannst du dich nicht mehr gegen den Bösen und seine Heerscharen wehren, weil die Sünde in deinem Leben ihnen die Oberhand über dich gibt. Wieso? Denn die Macht des Kreuzes kann niemals in einem Leben manifestiert werden, das die Sünde liebt und schätzt.

◆ **Die Sünde disqualifiziert einen Menschen von Gottes Gegenwart:**

„Da wies ihn Gott der HERR aus dem Garten Eden, daß er das Feld baute, davon er genommen ist." (1. Buch Mose 3,23) (Siehe auch Psalm 15 und Psalm 24,3-6.)

Gott ist der Allerheiligste, und nichts wird von der ganzen Schöpfung so gefeiert wie seine Heiligkeit. Die Verkündigung seiner Heiligkeit scheint die unablässig gesungene Hymne des Himmels zu sein. Aufgrund seiner Heiligkeit kann er Sünde in seiner Gegenwart nicht tolerieren. Der unendlich heilige Gott kann nicht mit der Sünde in Berührung kommen. Das einzige Mal, dass er das tat, war in der Person seines Sohnes, als er die Sünden der ganzen Welt auf dem dunklen Golgatha trug. Schon damals, musste sein Gesicht von ihm abwenden, der die Sünden der Welt trug. Die Intensität von Gottes Heiligkeit wird alles zerstören, was Sünde trägt, wenn er seine Gegenwart manifestiert. Aus diesem Grund wird Gott seine Gegenwart nicht offenbaren, wo Sünde gegenwärtig ist. Möchtest du Zugang zu seiner manifesten Gegenwart haben? Führe ein heiliges Leben und meide die Sünde.

◆ **Die Sünde macht einen Menschen zu einem körperlichen und geistigen Vagabunden:**

„Siehe, du treibst mich heute aus dem Lande, und ich muß mich vor deinem Angesicht verbergen und muß unstet und flüchtig sein auf Erden. So wird mir's gehen, daß mich totschlage, wer mich findet." (1. Buch Mose 4,14)

„Aber nun sind wir allesamt wie die Unreinen, und alle unsre Gerechtigkeit ist wie ein unflätig Kleid. Wir sind alle verwelkt wie die Blätter, und unsre Sünden führen uns dahin wie Wind." (Jesaja 64,6)

Bis Kain gegen Gott sündigte, hatte er ein Zuhause. Als er sündigte, obwohl Gott ihn vor der Sünde gewarnt hatte, wurde er aus der Gegenwart Gottes verbannt und von diesem Zeitpunkt an wurde er ein Vagabund. Er konnte nur von Ort zu Ort wandern.

Für den Gläubigen gibt es keine Zuflucht, kein Zuhause, aber nur die Gegenwart Gottes, und wenn du nicht in seiner Gegenwart wohnen kannst, gibt es sicherlich keinen Ort, den du Heimat nennen kannst. Wie lange willst du noch wandern? Ist es nicht an der Zeit, nach Hause zurückzukehren? Sünde reduziert einen Menschen zu nichts. Das Leben in Sünde macht dich wie Herbstblätter, die vom Wind geblasen und geworfen werden, ohne Richtung, Wille oder Zweck. Wohin der Wind weht, da geht er hin. Die Sünde führt dazu, dass ein Mensch seinen Sinn im Leben verliert.

❖ **Die Sünde macht ein Mann empfindlich:**

- Krankheiten gegenüber

„Aber der HERR plagte den Pharao mit großen Plagen und sein Haus um Sarais, Abrams Weibes, willen." (1. Buch Mose 12,17)

Sünde setzt dich Krankheit und Gebrechen aus. Der größte Teil der Krankheiten und Gebrechen wird durch Sünde verursacht und übertragen. Erinnere dich, dass der Herr in den Evangelien, als er einige Menschen heilte, betonte, dass sie hingehen und nicht mehr sündigen sollten? Weil er verstand, dass Sünde einen Menschen anfällig für Krankheiten macht.

- Flüche gegenüber

„Siehe, es wird die Zeit kommen, daß ich will entzweibrechen deinen Arm und den Arm deines Vaterhauses, daß kein Alter sei in deinem Hause, und daß du sehen wirst deinen Widersacher in der Wohnung bei allerlei Gutem, das Israel geschehen wird, und wird kein Alter sein in deines Vaters Hause ewiglich. Doch will ich dir nicht einen jeglichen von meinem Altar ausrotten, auf daß deine Augen verschmachten und deine Seele sich gräme; und alle Menge deines Hauses sollen sterben, wenn sie Männer geworden sind." (1. Samuel 2,31-33) (Siehe auch 2. Samuel 12,9-10.)

Sünde macht einen Menschen anfällig für Flüche. Das Traurige an Flüchen ist, dass sie oft über den Betroffenen hinaus auf seine Nachwelt übergehen. Warum solltest du deine Nachkommen leiden lassen, weil du nachsichtig bist? Halte dich von der Sünde fern; es hat keinen angenehmen Lohn für dich oder deine Nachkommen.

❖ **Die Sünde macht einen Menschen blind für Gottes Gerechtigkeit und Heiligkeit:**

„Denn es ist erschienen die heilsame Gnade Gottes allen Menschen und züchtigt uns, daß wir sollen verleugnen das ungöttliche Wesen und die weltlichen Lüste, und züchtig,

gerecht und gottselig leben in dieser Welt." (Titus 2,11-12)

„Denn wenn wir freiwillig sündigen, nachdem wir die Erkenntnis der Wahrheit empfangen haben, so bleibt für Sünden kein Opfer mehr übrig, sondern ein schreckliches Erwarten des Gerichts und Feuereifers, der die Widerspenstigen verzehren wird. Wenn jemand das Gesetz Moses mißachtet, muß er ohne Barmherzigkeit auf die Aussage von zwei oder drei Zeugen hin sterben, wieviel ärgerer Strafe, meinet ihr, wird derjenige schuldig erachtet werden, der den Sohn Gottes mit Füßen getreten und das Blut des Bundes, durch welches er geheiligt wurde, für gemein geachtet und den Geist der Gnade geschmäht hat?" (Hebräer 10,26-29)

Ich habe oft gehört, wie Menschen versuchten, die Gnade Gottes über seine Heiligkeit zu erheben. Es ist wahr, dass die Gnade Gottes unendlich ist, aber anzunehmen, dass sie dir jedes Mal zur Verfügung steht, auch wenn du absichtlich sündigst, ist anmaßend. Ich frage mich, ob viele die obigen Verse in der Heiligen Schrift gelesen haben! Die Passage von Titus lässt uns wissen, dass die Gnade Gottes die folgenden Eigenschaften hat:

i) es ist allen Menschen erschienen

ii) es lehrt, „nein" zur Gottlosigkeit zu sagen

iii) es lehrt, „nein" zu weltlichen Leidenschaften zu sagen

iv) es lehrt, ein selbstbestimmtes Leben zu führen

v) es lehrt, ein rechtschaffenes Leben zu führen

vi) es lehrt, gottesfürchtig zu leben

Und all das in diesem gegenwärtigen Zeitalter. Nun, wenn die Gnade Gottes dich nicht von vorsätzlicher, vorsätzlicher Sünde und aller Art von Gottlosigkeit abhalten kann, dann wird sie dich auch nicht von diesen Sünden reinigen. Wieso? Denn beim absichtlichen Sündigen nachdem du die Wahrheit erkannt hast, sagt uns der Verfasser des Hebräerbriefs, dass du die folgenden Dinge tust:

i) Du tretest den Sohn Gottes mit Füßen

ii) Du behandelst das Blut des Bundes, der dich geheiligt hat, als

etwas Unheiliges
iii) Du beleidigst den Geist der Gnade

und als solche kannst du nichts anders als Gottes Gericht erwarten. Wirst du weiterhin von deiner Sünde geblendet sein? Wirst du nicht sofort von deiner Sünde ablassen, um den Vater in seiner Gerechtigkeit zu sehen?

❖ **Die Sünde entnimmt dir deine Kraft:**

„Denn mein Leben hat abgenommen vor Betrübnis und meine Zeit vor Seufzen; *meine Kraft ist verfallen vor meiner Missetat, und meine Gebeine sind verschmachtet.*" (Psalm 31,10, Hervorhebung hinzugefügt).

„Denn deine Hand war Tag und Nacht schwer auf mir, daß mein Saft vertrocknete, wie es im Sommer dürre wird. (Sela.)" (Psalm 32,4)

Es gibt nichts, was sowohl die körperliche als auch die geistige Kraft aufzehrt wie die Sünde. In welcher Form auch immer sie praktiziert wird, die Sünde wird die Kraft und die Macht zur Ausführung rauben. Verstehst du jetzt nicht, warum sich Sünder Drogen und dem satanischen Übernatürlichen zuwenden, um Macht zu haben?

❖ **Die Sünde raubt man seiner Kapazität von Gott zu hören:**

„Höret zu, ihr tolles Volk, das keinen Verstand hat, die da Augen haben, und sehen nicht, Ohren haben, und hören nicht!" (Jeremia 5,21)

Die Sünde blockiert das geistliche Gehör eines Menschen und die Fähigkeit, geistliche Dinge zu sehen und zu erkennen. Es beraubt dir der Fähigkeit, die Bewegungen Gottes in deiner Umgebung zu erkennen.

❖ **Die Sünde disqualifiziert einen Mann von seinen Rechten als Kind Gottes:**

„Ruben, mein erster Sohn bist du, meine Kraft, und der Erstling meiner Stärke, der Oberste in der Würde und der Oberste in der Macht. Er fuhr leichtfertig dahin wie Wasser. Du sollst nicht der Oberste sein; denn du bist auf deines Vaters Lager gestiegen, daselbst hast du mein Bett entweiht mit dem Aufsteigen." (1. Buch Mose 49,3-4)

Kain verwirkte seine Rechte als Erstgeborener Adams wegen seiner Sünde. Deshalb wird die Abstammung des Menschen durch Seth verfolgt. Ruben verwirkte wegen seiner Sünde seine Rechte als Erstgeborener Jakobs. Sünde degradiert einen Mann im Rang vor dem allmächtigen Gott. Jede Sünde, die du absichtlich begehst, bringt dich nur geistlich tiefer und tiefer.

Als Kinder Gottes sollen wir wie Adler aufsteigen und uns jeden Tag zu spirituellen Höhen erheben. Sünde degradiert dich nur und hindert dich daran, aufzusteigen. Sünde wirkt sich negativ auf dein Schicksal aus; es verdunkelt deinen Weg und macht deine Zukunft ungewiss. Die Sünde ist dem Kind Gottes kein Freund, ganz gleich, was sie zu bieten scheint.

Absichtliche, vorsätzliche Sünde ist der größte Horror, der jedem passieren kann. Es ist die größte Schande, die du Gott zufügen kannst, und die größte Ungnade, die du sich selbst zufügen könntest. Das Vergnügen der Sünde ist die größte Torheit, die du akzeptieren könntest. Ruben schlief nur einmal mit der Frau seines Vaters, aber das reichte aus, um sein ganzes Schicksal zu beeinträchtigen. Sünde braucht keine zweite Chance, um einen Menschen dauerhaft zu ruinieren. Ruben blieb Jacobs' Sohn, aber er verwirkte seinen Platz als Erstgeborener.

❖ **Die Sünde beraubt einen Menschen seiner Fähigkeit, andere auf Gottes Weg zu ziehen:**

„Ich will die Übertreter deine Wege lehren, daß sich die Sünder zu dir bekehren." (Psalm 51,13)

Nachdem David gesündigt hatte, bat er Gott um Vergebung und auch darum, dass er wieder einmal in der Lage sein würde, andere die Wege Gottes zu lehren, damit sie sich von ihren Sünden zu Gott bekehren. Wenn du in Sünde lebst, egal in welcher Form, egal wie viel du predigst, ist das Beste, was du hoffen kannst, ist Sünder zu einem religiösen System zu bringen, was sie noch schlimmer macht, als sie waren.

Du kannst niemals jemanden zu Christus führen, während du in Sünde lebst. Das wird die größte Täuschung aller Zeiten sein. Es gibt heute viele Menschen, die in dieser Art von Täuschung leben; Sie leben in Sünde und predigen trotzdem das Evangelium. Ihr Ziel ist es, Menschen dazu zu bringen, sich einem anderen System als Christus zu verpflichten. Konfrontierte der Herr nicht die Pharisäer und die Gesetzeslehrer damit, dass sie lang reisten, um einen einzigen Bekehrten zu machen, der aber dann zweimal mehr für die Hölle tauglich war, als zuvor?

- **Die Sünde beraubt einen Mann seiner Autorität:**

Als Gott den Menschen erschuf, gab er dem Menschen Autorität und Herrschaft über den Rest der irdischen Schöpfung (siehe 1. Buch Mose 1), aber sobald der Mensch sündigte und gegen Gott rebellierte, verlor er diese Autorität und Herrschaft (siehe 1. Buch Mose 3) und heute fühlt sich der Mensch bedroht und hat Angst vor den kleinsten Tieren.

Über Ephraim sagt der Herr: **„Da Ephraim Schreckliches redete, ward er in Israel erhoben, darnach versündigten sie sich durch Baal und wurden darüber getötet."**(Hosea 13,1) Hier zu sterben bedeutet, seine Autorität zu verlieren. Bis er schuldig wurde, hatte er seine Autorität als Erstgeborener, aber sobald er schuldig wurde, starb er im Sinne seiner Autorität.

- **Die Sünde disqualifiziert einen Mann vom Gebet:**

„Und wenn ihr schon eure Hände ausbreitet, verberge ich doch meine Augen vor euch; und ob ihr schon viel betet, höre ich euch doch nicht; denn eure Hände sind voll Blut. Waschet, reiniget euch, tut euer böses Wesen von meinen Augen, laßt ab vom Bösen." (Jesaja 1,15-16)

„Wo ich Unrechtes vorhätte in meinem Herzen, so würde der HERR nicht hören." (Psalm 66,18)

Sünde im Herzen oder Leben eines Menschen disqualifiziert ihn vom Gebet, denn egal wie viel, mit welcher Intensität und wie lange er betet, Gott hört nicht und wird nicht zuhören. Wenn Gott nicht zuhören will und das Gebet eines Menschen nicht erhört, wozu braucht man dann zu beten, wenn Antworten auf deine Gebete nicht empfangen werden?

- **Die Sünde sucht nichts anderes, als den Sünder zu beherrschen und ihn zu versklaven:**

„Ist's nicht also? Wenn du fromm bist, so bist du angenehm; bist du aber nicht fromm, so ruht die Sünde vor der Tür, und nach dir hat sie Verlangen; du aber herrsche über sie." (1. Buch Mose 4,7)

„Jesus antwortete ihnen und sprach: Wahrlich, wahrlich ich sage euch: Wer Sünde tut, der ist der Sünde Knecht." (Johannes 8,34)

Als Gott Kain vorwarnte, dem Druck der Sünde der Eifersucht nicht nachzugeben, verstand er, dass das Nachgeben nur zu einer Kette von

Sünden führen würde. Kains Kettensünde begann damit, dass er nicht das Richtige tat. Wir können die Kette wie folgt veranschaulichen: Ablehnungsgefühl über Wut zu Eifersucht zu Hass zu Mord zu Lüge. Was ist mit Davids Sünde mit Batseba? Von Müßiggang über Lust bis hin zu Ehebruch, um jemanden betrunken zu machen, um zu ermorden, bis hin zur Ergreifung der Frau von jemandem.

Sünde ist eine chemische Kettenreaktion. Einmal gestartet, wird es schwierig sein, sie zu stoppen, bis die Reaktion vollständig abgelaufen ist. Kein Süchtiger hat jemals als Süchtiger angefangen. Es begann als Spaß und allmählich ergriff ihn die Sünde und überwältigte ihn, bis er von der Sucht gemeistert wurde. Die Sünde sucht nichts anderes, als den Sünder zu versklaven. Es gibt keine größere Bindung als die der Sünde.

- ◆ **Die Sünde ist das schwerste Gewicht, das man tragen kann.**

    „Du nun, Menschensohn, sage zu dem Hause Israel: Ihr sprechet also: Unsere Übertretungen und unsere Sünden liegen auf uns, daß wir darunter verschmachten; wie können wir leben?" (Hesekiel 33,10)

Es gibt nichts, was einen Menschen so belastet und erschöpft wie die Sünde. Sein Gewicht ist erdrückend. Wer sich weigert, seine Sünden zu bereuen, wird verkümmern (Psalm 32,3). Hat der Erretter nicht deshalb gerufen: „Kommet her zu mir alle, die ihr mühselig und beladen seid, so will ich euch erquicken!" (Matthäus 11,28)? Wie lange wirst du durch das Gewicht deiner Sünden erdrückt werden? Ist es nicht an der Zeit, sie zu bekennen und zu verlassen, damit du Ruhe für deine Seele finden kannst?

- ◆ **Die Sünde beraubt einen Menschen seiner Ernte:**

    „Ist mein Schritt vom Wege abgewichen oder mein Herz den Augen nachgewandelt und klebt meinen Händen ein Makel an, so will ich säen, und ein anderer soll es essen, und meine Pflanzungen sollen entwurzelt werden! Ja ein Feuer wär's, das bis in die Hölle hinein brennen und alle meine Habe verzehren müßte mit Stumpf und Stiel." (Hiob 31,7-8,12)

    „Siehe, wir sind heute Knechte; ja, in dem Lande, welches du unsern Vätern gegeben hast, um seine Früchte und Güter zu genießen, siehe, in dem sind wir Knechte; und sein Ertrag mehrt sich für die Könige, die du über uns gesetzt hast um unsrer Sünden willen, und sie herrschen über unsre Leiber und über unser Vieh nach ihrem Wohlgefallen, und wir sind in großer

Not!" (Nehemia 9,36-37)

Heute wird viel über die Aussaat gelehrt. Ich habe viele Prediger gehört, die Menschen ermutigen, weiter zu säen, da sie eines Tages ihre Ernte ernten würden. Das Traurige daran ist, dass ich noch nie gehört habe, dass jemand darüber gelehrt hat, dass einem Menschen seine Ernte entzogen werden kann, egal wie viel er sät, wenn er in Sünde lebt. Die Sünde zerstört die Ernte eines Menschen.

Es ist zwecklos, die Menschen zum Weitersäen zu ermutigen, ohne sie auf den Schädling hinzuweisen, der ihre Ernte vernichtet. Erinnerst du dich an die Zeit der Richter, wie die Israeliten durch die Midianiter und die Amalekiter verarmt wurden, die ständig ihre Ernte wegen der Sünde Israels zerstörten? (Siehe Richter 6.) Die Sünde in deinem Leben ist wie die Midianiter und Amalekiter, die die Ernte vernichten, was auch immer du säst.

Vielleicht erntest du etwas, aber ich sage dir, es ist nichts im Vergleich zu dem, was du ernten könntest, wenn die Ernte nicht vernichtet würde. Du willst deine volle Ernte einfahren? Weicht von allen bekannten Sünden ab, sonst werdet ihr vergebens weiter säen. Höre nicht auf diejenigen, die dich ermutigen, weiter zu säen, ohne dass sie dich warnen, dass die Sünde in deinem Leben deine Ernte zerstört.

Eine Fallstudie

Ich möchte, dass wir das Leben eines bestimmten Mannes in der Schrift studieren, um das, was wir hier gesagt haben, zu verdeutlichen und eine Prämisse für unser nächstes Kapitel zu schaffen.

Für einen Moment möchte ich, dass du das 1. Buch Mose Kapitel achtunddreißig liest. Fahre erst fort, wenn du das Kapitel durchgelesen hast. Kapitel siebenunddreißig erzählt die Geschichte von Joseph und seinen Brüdern, wie er auf Anraten Judas von seinen Brüdern in die Sklaverei nach Ägypten verkauft wurde, statt dem beabsichtigten Zurücklassen und schließlich dem Tod in der wasserlosen Zisterne.

Ich spekuliere, aber ich glaube, dass die Brüder sich in einem Bund geeinigt hatten, dass niemand ihrem Vater sagen würde, was mit Joseph tatsächlich passiert war.

Als Juda die Trauer seines Vaters über den „Tod" seines Bruders sah, konnte er nicht anderes handeln, als aus seinem Heim auszuziehen, um zu versuchen seiner Schuld zu entkommen. Er ging zu Hirah aus Adullam. Adullam bedeutet „Zuflucht." Als Juda dorthin ging, dachte er, er würde Zuflucht vor seiner Sünde vor seinem Bruder und somit vor seinem Vater finden. Er dachte, dass das Verlassen seines Zuhauses die Lösung für seine Schuld liefern würde. Ich möchte, dass du erkennst, dass Judas Versuch, von zu Hause weg Zuflucht zu suchen, ihn nur noch mehr in Schwierigkeiten gebracht hat.

Es gibt für dich keine Zuflucht fern von zu Hause – die Gegenwart deines liebenden Vaters im Himmel. Es gibt keine andere Decke für die Sünde als das Blut des geschlachteten Lammes; es gibt kein Versteck für deine Sünde außer Jesus selbst. Es gibt viele, wie Juda, die ihr Zuhause wegen der Schuld der Sünde verlassen haben. Zuhause ist genau der Ort, an dem Gott Schutz vor dem Druck von außen bieten wollte.

Warum sagen wir, dass Juda nur noch mehr Schwierigkeiten bekommen hat? Weil sein ganzer Aufenthalt in Adullam ein miserabler war. Juda lernte ein kanaanäisches Mädchen kennen, das er heiratete. Sie war die Tochter von Shua. Nun, Shua bedeutet „Wohlstand". Indem er Shuas Tochter heiratete, schloss er einen Bund mit Wohlstand. Hat ihm seine Ehe mit „dem Sprössling des Wohlstands" Wohlstand gebracht? Nein! Es führte nur zu einer Katastrophe nach der anderen; den Tod seiner Frau und zweier Söhne.

Mein Bruder, meine Schwester, was so aussieht, als würde es dir Glück und Wohlstand ohne den Erretter bringen, wird dich nur ins Elend stürzen. Ohne den Erretter gibt es keinen dauerhaften oder wahren Wohlstand. Wahrer und dauerhafter Wohlstand ist der des ganzen Menschen, und das kann nur in Christus gefunden werden. Juda hatte jede Gelegenheit, seinem Vater seine Sünden zu bekennen, tat es aber nicht, vielleicht wegen des Bundes mit seinen Brüdern.

Befindest du dich in der gleichen Situation, hast eine Sünde begangen oder bist in eine Situation geraten, wegen der du dich schuldig fühlst, aber Angst hast, es wegen eines Bündnisses, das du geschlossen hast, aufzudecken? Euer himmlischer Vater weiß davon, er hat die Macht, diesen Bund durch das Blut des Ewigen Bundes in Jesus aufzuheben.

Gehe zu einer spirituellen Autorität und lege sie ihm offen. Das wird dir helfen, dich von den Qualen deiner Sünde zu befreien. Sitze nicht ruhig da und stöhne unter dem Gewicht und der Qual der Schuld. Du kannst freigelassen werden. Als Juda sich weigerte, seine Sünde aufzudecken, weil er dachte, er würde woanders Zuflucht finden, ließ ihn das zu einem späteren Zeitpunkt in den Inzest mit seiner eigenen Schwiegertochter ein.

Nun, die Bibel sagt: **„Fliehet die Unzucht! Jede Sünde, die ein Mensch sonst begeht, ist außerhalb des Leibes; der Unzüchtige aber sündigt an seinem eigenen Leib. Oder wisset ihr nicht, daß euer Leib ein Tempel des in euch wohnenden heiligen Geistes ist, welchen ihr von Gott empfangen habt, und daß ihr nicht euch selbst angehöret? Denn ihr seid teuer erkauft; darum verherrlichet Gott mit eurem Leibe!"** (1. Korinther 6,18-20)

Was ein Mann durch sexuelle Unmoral ausgibt, kann nicht zurückgewonnen werden. Die größte Torheit ist das Vergnügen der sexuellen Sünde. Die Bibel sagt: „Du wurdest teuer erkauft", was bedeutet, dass du nicht dir selbst gehörst, dein Körper gehört einem anderen, den du ehren musst. Dieser andere ist Gott. Dein Körper ist der Tempel des Heiligen Geistes, also frage dich, bevor du irgendetwas damit machst: „Wird es dem Heiligen Geist dadurch angenehm in seinem Tempel sein?" Nichts, was den Tempel beschädigt oder ihn, der dort wohnt, betrübt, ist gut für dich.

Lasse zu, dass sich deine Sicht auf deinen Körper von „meinem Körper" zu „seinem Tempel" ändert, und schließlich wird sich die Art und Weise, wie du ihn behandelst, für immer ändern. Der Preis deines Körpers ist das Blut Jesu wert. Wirst du es wagen, es gegen etwas weniger einzutauschen? Gott bewahre!

Es gibt einen Teil von dir, der durch sexuelle Unmoral ausgeht, der nicht wiederhergestellt werden kann. Sexuelle Sünde fügt dem Tempel des Heiligen Geistes unermesslichen Leid und Schaden zu. Als Juda mit Tamar Unzucht beging, gab er Folgendes weg:

1) Sein Siegel.
2) Seine Siegelschnur.
3) Sein Stab.

Jedes der oben genannten Dinge stellt dar, was ein Mann infolge sexueller Sünde verliert. Lasse uns diese im Detail untersuchen.

Das Siegel

Das Siegel symbolisiert Folgendes:

i) Echtheitszeichen: In der Antike repräsentierte das Siegel eines Mannes seine Identität. Es wurde auch verwendet, um das Eigentum eines Mannes zu identifizieren und Transaktionen zu bestätigen. Indem er sein Siegel weggab, vergab Juda seine Identität. Sagt die Bibel nicht: „Wisset ihr aber nicht, daß, wer einer Hure anhängt, ein Leib mit ihr ist?„ (1. Korinther 6,16) Sexuelle Unmoral bringt das Anziehen der Identität eines anderen mit sich. Deshalb beginnt jeder, der anfängt, sexuelle Unmoral zu begehen, sich auf seltsame Weise zu verhalten. Eltern von jungen Männern und Frauen, die an dieser Sünde beteiligt waren, wissen, was ich sage.

ii) Wird verwendet, um den unbefugten Zugriff auf Dokumente und Eigentum zu verhindern: Durch die Weitergabe seines Siegels hatte Juda keine Möglichkeit seine Dokumente und sein Eigentum vor Eindringlingen zu schützen. So sehen wir, dass sexuelle Sünde jemanden anfällig für dämonische Angriffe und Angriffe durch Krankheiten macht. Es macht sogar das Eigentum und den Besitz eines Mannes anfällig für die Angriffe Satans und seiner Dämonen.

iii) Nachweis delegierter Autorität: Damals hatte jeder angesehene Mann ein Siegel, das seine Autorität bewies. Um jemanden zu delegieren, genügte es, ihm dein Siegel zu geben, und das war genug, um das zu beweisen dass du ihm deine Vollmacht übertragen hast. Nun, in Lukas 10,19 sagt der Herr: „**Siehe, ich habe euch Vollmacht verliehen, auf Schlangen und Skorpione zu treten, und über alle Gewalt des Feindes; und nichts wird euch beschädigen.**" Wie Juda, wenn du sexuell sündigst, verlierst du diese Autorität an den Teufel.

Die Schnur

Die Schnur wurde verwendet, um ein Siegel um den Hals oder um die Taille eines Mannes zu hängen. Die Schnur wird als Symbol des Lebens verwendet (siehe Prediger 12,6.) Wenn du ein Kabel an irgendetwas befestigt hast, kannst du dieses Ding sogar aus der Ferne in jede gewünschte Richtung führen und manipulieren. Sexuelle Unmoral stellt eine Schnur dar, durch die der Teufel ein Leben manipuliert und kontrolliert. Deshalb wird sexuelle Sünde kaum behandelt, bis diese Schnur im Geistlichen durchtrennt ist. Hast du jemals einen erwachsenen Mann oder eine erwachsene Frau machtlos gegenüber dem sexuellen Sündenpartner gesehen, der nicht mithalten kann? Das ist der Grund warum.

Der Stab

Der Stab ist auch symbolisch für Folgendes:

    i) Autorität.
    ii) Disziplinar- und Korrekturbefugnis.
    iii) Unterstützung und Anleitung.

Indem er seinen Stab verschenkte, verschenkte er seine Disziplinierungs- und Korrektheitskraft und auch seinen Orientierungssinn. Ist das nicht der Grund, warum in einem Büro, in dem ein Chef eine Affäre mit seiner Sekretärin hat, allerlei Chaos herrscht? In einer Schule, in der der Rektor Affären mit Schülern hat, herrscht Disziplinlosigkeit?

Egal, wie sehr Juda danach versuchte, diese Dinge, die er herausgegeben hatte, wiederzuerlangen, es war vergeblich (1. Buch Mose 38,22). **„Juda sprach: So soll sie das Pfand für sich behalten, damit wir nicht zuschanden werden!" (1. Buch Mose 38,23)**

Sexuelle Sünde ist der größte Katalysator für Stolz und Arroganz. Juda hatte Angst davor, zum Gespött zu werden. Gibt es eine größere Schande und Scham, als wenn ein Mensch seine von Gott gegebene Identität, Autorität und Richtung im Leben verloren hat? Juda arbeitete so hart daran, vor den Menschen zu erscheinen, was er nicht war. Er wollte als Mann von Integrität und Rechtschaffenheit erscheinen, während er das genaue Gegenteil war. Ich möchte dich wissen lassen, dass es darauf ankommt, was ein Mensch vor Gott und seinen Engeln erscheint, und nicht, was er oder sie vor einem Menschen erscheinen mag.

Der Himmel bewertet einen Hurer und Ehebrecher wie einen Laib Brot (Sprüche 6,26). Wenn es dir hilft, deine Identität, Autorität und Richtung im Leben wiederzuerlangen, wenn du zum Gespött wirst, warum sollst du es nicht werden? Es ist besser, vor den Menschen zum Gespött zu werden und vor Gott ein Held zu sein, als vor den Menschen als Held zu erscheinen und vor Gott ein Waisenkind zu sein.

Kapitel 13

Wie man mit der Sünde umgeht

Nachdem wir gesehen haben, was die Sünde mit einem Menschen macht, unabhängig von Geschlecht, Alter, Status, Rasse oder Kultur, wollen wir sehen, wie wir dieses Monster in unserem individuellen Leben töten können. Die Bibel sagt,

„Darum auch wir, weil wir eine solche Wolke von Zeugen um uns haben, lasset uns jede Last und die uns so leicht umstrickende Sünde ablegen und mit Ausdauer die Rennbahn durchlaufen, welche vor uns liegt." (Hebräer 12,1)

„Tötet nun eure Glieder, die auf Erden sind: Unzucht, Unreinigkeit, Leidenschaft, böse Lust und die Habsucht, welche Götzendienst ist." (Kolosser 3,5)

Um mit der Sünde umzugehen, liegt die Grundlage in der Erkenntnis, dass keine Sünde jemals vor Gott verborgen werden kann. Gott sieht all deine Sünden.

„Wenn ihr aber nicht also tut, siehe, so habt ihr euch an dem

HERRN versündigt und werdet erfahren, was für eine Strafe euch treffen wird!" (4. Buch Mose 32,23)

„Du hast es wohl gesehen!" (Psalm 10,14a)

Niemand hat es jemals geschafft, seine Sünde zu verbergen:

Adam gelang es nicht, seine Sünde vor Gott zu verbergen.

Kain gelang es nicht, seine Sünde vor Gott zu verbergen, selbst als er glaubte, mit Abel allein auf dem Feld zu sein.

Juda gelang es nicht, seine Sünde vor Tamar zu verbergen. Er versteckte es drei Monate lang, aber schließlich kam die Wahrheit ans Licht.

Josephs Brüder verbargen ihre Sünde etwa zwanzig Jahre lang, aber schließlich kam die Wahrheit ans Licht.

David versteckte seine Sünde über ein Jahr lang vor Batseba, aber schließlich kam die Wahrheit ans Licht.

Lass mich dir sagen, es wird dir auch nicht gelingen, deine Sünde vor den Augen des allwachenden und allsehenden Gottes zu vertuschen. Entweder du entlarvst und entsagst deine Sünden oder deine Sünde wird dich bloßstellen.

Nachdem wir gesehen haben, dass Sünde niemals vor Gott verborgen werden kann, können wir jetzt damit fortfahren zu sehen, wie wir mit Sünde umgehen können.

Die Sünde muss ausdrücklich bekannt werden.

Sünde kann niemals als etwas Allgemeines behandelt werden. Welche Form sie auch immer annimmt, Sünde muss ausdrücklich bekannt werden. Die Bibel sagt,

> „Wenn wir aber unsere Sünden bekennen, so ist er treu und gerecht, daß er uns die Sünden vergibt und uns reinigt von aller Ungerechtigeit." (1. Johannes 1,9)

> „Als ich es verschweigen wollte, verschmachteten meine Gebeine durch mein täglich Heulen. Denn deine Hand lag Tag und Nacht schwer auf mir, daß mein Saft vertrocknete, wie es im Sommer dürre wird. (Pause.) Da bekannte ich dir meine Sünde und verhehlte meine Missetat nicht; ich sprach: «Ich will dem HERRN meine Übertretung bekennen!» Da vergabst du

mir meine Sündenschuld! (Pause.)" (Psalm 32,3-5)

Ohne das richtige Geständnis gibt es also keine Vergebung. Gottes Vergebung durch das Sühnewerk des „geschlachteten Lammes" steht der ganzen Menschheit zur Verfügung, doch gibt es unzählige Menschen, die auf den Straßen unterwegs sind, die diese Vergebung nicht erlangt haben. Wieso denn? Denn es steht nur denen zur Verfügung, die es annehmen, durch Bekenntnis und Verzicht auf die Sünden.

„Ist er nun wirklich in einem dieser Punkte schuldig, so bekenne er, woran er sich versündigt hat." (3. Buch Mose 5,5 Hervorhebung von mir).

Gott hat nie Raum für ein allgemeines Sündenbekenntnis geschaffen. Wenn du um Vergebung bittest, musst du angeben, was dir vergeben werden soll. Erinnerst du dich nicht an den Blinden in den Evangelien? „Er rief: ‚Jesus, Sohn Davids, erbarme dich meiner!'" (Lukas 18,38) „Als er näher kam, fragte Jesus ihn: ‚Was soll ich für dich tun?'" (Lukas 18,40b). Die Beichte muss, wie jede andere Art des Betens, spezifisch sein.

Vielleicht wunderst du dich über die Sünden, die du vergessen hast und die du unwissentlich begangen hast? Nun, ich möchte nur, dass du weißt, dass Unwissenheit kein Pass zur Sünde ist:

„Und wenn eine Seele sündigt und irgend etwas von alledem tut, was der HERR verboten hat und man nicht tun soll, hat es aber nicht gewußt und fühlt sich nun schuldig und trägt ihre Missetat." (3. Buch Mose 5,17)

Bis die Sünde bekannt und verlassen ist, bleibt der Sünder schuldig. Deshalb sollen wir täglich Zeit mit Gott im Gebet und mit dem Studium seines Wortes verbringen. Wenn wir Zeit mit ihm verbringen, wird er uns an die uns unbekannten Sünden erinnern, die wir begangen haben, oder an diejenigen, die wir vielleicht vergessen haben, damit sie bereut, aufgegeben und verlassen werden sollten.

Es liegt in der Verantwortung des Geistes, uns die Sünden zu zeigen, die uns immer noch entgegenstehen, aber es liegt absolut an uns, uns in den richtigen Zustand zu bringen, damit er es uns zeigen kann. Verbringe also täglich Zeit mit Gott in offenherziger Gemeinschaft.

Wie erfolgt die Bekennung?

Für eine gründliche und vollständige Bekennung sind folgende Schritte notwendig:

1) Erkenne deine Sünde an.

Wenn ein Mann sich weigert, seine oder ihre Sünde anzuerkennen, provoziert er oder sie das Gericht Gottes. **„Und dennoch sagst du bei alledem: «Ich bin unschuldig! Sein Zorn wende sich nur von mir ab!» Siehe, ich will mit dir rechten, weil du sagst: «Ich habe nicht gesündigt!»"** (Jeremia 2,35) Das Eingeständnis deiner Sünde ist der erste Schritt, um Vergebung zu erlangen. Ohne sie kann es kein wahres Bekenntnis und daher keine Vergebung geben.

„Nur erkenne deine Missetat, daß du dem HERRN, deinem Gott, die Treue gebrochen und hierhin und dorthin zu den Fremden gelaufen bist unter alle grünen Bäume; aber auf meine Stimme habt ihr nicht gehört, spricht der HERR." (Jeremia 3,13)

„Da bekannte ich dir meine Sünde und verhehlte meine Missetat nicht; ich sprach: «Ich will dem HERRN meine Übertretung bekennen!» Da vergabst du mir meine Sündenschuld! (Pause.)" (Psalm 32,5)

Deine Sünde anzuerkennen bedeutet, dass du die volle Verantwortung für deine Sünde beanspruchst, ohne zu versuchen, die Schuld auf jemand anderen oder auf die Umstände zu schieben. Sei nicht wie Adam. Deine Sünde anzuerkennen bedeutet, in deinem Herzen zu glauben, dass es Gerechtigkeit sein wird, wenn Gott dich richten würde.

2) Bitte um Vergebung:

„Vergib uns unsere Sünden ..." (Lukas 11,4a)
Du musst um Vergebung bitten, um sie zu erhalten. Deine Sünde anzuerkennen und nicht um Vergebung zu bitten, ist nichts. Er sagte: „Bitte und dir wird gegeben." Was ist dann die Grundlage, um um Vergebung zu bitten?

Die Basis für Vergebung

„**In ihm haben wir die Erlösung durch sein Blut, die Vergebung der Sünden nach dem Reichtum seiner Gnade.**" **(Epheser 1,7)**

Die wichtigste Grundlage für Vergebung ist das Sühnewerk, das Gottes eigener Sohn auf Golgatha vollbracht hat. Ohne sie haben wir, du und ich, kein Mandat, um Vergebung zu bitten. Es entspricht dem Reichtum der Gnade Gottes, dass uns jemals vergeben werden kann. Außerhalb von Christus gibt es keine Vergebung, egal welche Rituale oder Buße durchgeführt wird.

Die zweite Grundlage für Vergebung ist, dass du auch vergibst: „**Und vergib uns unsere Schulden, wie auch wir vergeben unsern Schuldnern.**" **(Matthäus 6,12)** Bis du allen vergeben hast, die in irgendeiner Weise gegen dich gesündigt haben, kann dir Gott nicht vergeben. Wenn du dich weigerst, denen zu vergeben, die dir Unrecht getan haben, rechnet Gott dir alle deine früheren Sünden an, wie im Gleichnis vom unversöhnlichen Diener dargestellt (siehe Matthäus 18,21-35.) Dem Diener war bereits vergeben worden, aber als er sich weigerte, seinem Mitknecht zu vergeben, annullierte sein Herr die Vergebung, die ihm gewährt worden war, und der Herr sagte: „**Also wird auch mein himmlischer Vater mit euch verfahren, wenn ihr nicht ein jeder seinem Bruder von Herzen die Fehler vergebet.**" **(Matthäus 18,35)**

Verzichte um jeden Preis auf den „Luxus", gegen wen auch immer Groll zu hegen.

3) Bitte um Reinigung:

„**Wasche mich gründlich von meiner Schuld und reinige mich von meiner Sünde.**" **(Psalm 51,2)**

Nachdem du Vergebung erlangt hast, musst du Gott bitten, dich von der Schuld und den Auswirkungen der Sünde zu reinigen.

4) Bitte Gott, deine Sünde auszulöschen:

„**Denn ich erkenne meine Übertretungen, und meine Sünde ist**

immerdar vor mir." (Psalm 51,3)
Wenn deine Sünde nicht ausgelöscht ist, bleibt sie in den Aufzeichnungen und wird daher vor dir stehen. Du musst darum bitten, dass die Sünde ausgelöscht wird, damit du sie nicht wieder siehst. **„Tilge meine Übertretungen nach deiner großen Barmherzigkeit!"** (Psalm 51,1b) Wenn es nicht ausgelöscht wird, obwohl Gott dir vielleicht vergeben hat, wirst du die Tendenz haben, immer daran zu denken, und das wird dich wirkungslos machen.

5) Verlass deine Sünde:

„Wer seine Missetaten verheimlicht, dem wird es nicht gelingen; wer sie aber bekennt und <u>läßt</u>, der wird Barmherzigkeit erlangen." (Sprüche 28,13, Hervorhebung von mir.)
Damit du zur vollständigen Vergebung gelangst, musst du deine Sünden aufgeben, d.h. du musst auf sie verzichten und sie aufgeben. Die Beichte ohne Sündenverzicht hat keine Wirkung; es ist unvollständig.

Die Sünde muss korrigiert werden
Beim Umgang mit der Sünde gibt es einen Teil, der kaum jemals erwähnt wird. Obwohl sich die Sünde in erster Linie gegen Gott richtet, manifestiert sie sich auf eine Weise, die den Mitmenschen beeinflusst. Damit Sünde richtig behandelt werden kann, müssen Wiedergutmachung geleistet werden. In Sprüche 14,9a heißt es: **„Der Toren spottet das Schuldopfer."** Jeder, der sich weigert, wenn möglich Wiedergutmachung für die Sünde zu leisten, wird von Gott als ein Narr betrachtet. Versuche, wo immer es möglich ist, Wiedergutmachung für Sünden zu leisten.

> **„Wenn er nun, nachdem er also gesündigt hat, sich schuldig fühlt, so soll er den Raub, den er genommen hat, oder das erpreßte Gut, das er sich gewalttätigerweise angeeignet hat, oder das anvertraute Gut, das ihm anvertraut worden, oder das Verlorene, das er gefunden hat, wiedergeben; auch alles, worüber er einen falschen Eid geschworen hat, soll er nach seinem vollen Wert zurückerstatten und noch einen Fünftel dazulegen; und zwar soll er es dem geben, dem es gehört, an dem Tage, da er sein Schuldopfer entrichtet." (3. Buch Mose 6,4-5)**

> „Und der HERR redete zu Mose und sprach: Sage den Kindern Israel: Wenn ein Mann oder ein Weib irgend eine menschliche Sünde tut und sich damit am HERRN vergeht und die betreffende Seele eine Schuld auf sich lädt; so sollen sie ihre Sünde bekennen, die sie getan haben, und *sollen ihre Schuld in ihrem vollen Betrag wiedererstatten, und den fünften Teil dazufügen* und es dem geben, dem sie es schuldig sind." (4. Buch Mose 5,5-7)

> „Und wenn ich zum Gottlosen sage: «Du sollst sterben!» und er wendet sich ab von seiner Sünde und tut, was recht und billig ist, also *daß der Gottlose das Pfand wiedergibt, den Raub zurückerstattet* und in den Satzungen des Lebens wandelt, also daß er kein Unrecht tut, so soll er gewiß leben und nicht sterben. Auch soll ihm aller seiner Sünden, die er getan hat, nimmermehr gedacht werden; er hat getan, was recht und billig ist, er soll gewiß leben!" (Hesekiel 33,14-16)

Von einfachem Unrecht über Diebstahl bis hin zu Mord muss Sünde wiedergutgemacht werden. In einigen Fällen bedeutet dies, dass du deine Sünde einer geistlichen Autorität bloßstellst, damit er mit dir und für dich beten kann.

Wenn alle oben genannten Schritte befolgt werden, kannst du Gottes Versprechen einfordern, das besagt: „Denn ich werde gnädig sein gegen ihre Ungerechtigkeiten und ihrer Sünden nicht mehr gedenken." (Hebräer 8,12)

> „Wer ist, o Gott, wie du, der die Sünde vergibt und dem Rest seines Erbteils die Übertretung erläßt, der seinen Zorn nicht allzeit festhält, sondern Lust an der Gnade hat? Er wird sich unser wieder erbarmen, unsere Bosheit bezwingen. Und du wirst alle ihre Sünden in die Tiefe des Meeres werfen!" (Micha 7,18-19)

Das ist der Gott, dem du dienst. Willst du nicht die Hände heben und ihn preisen?

Vielleicht hast du ihn noch nicht als deinen Retter und Herrn gekannt. Nur bei ihm kannst du Vergebung finden, nicht in irgendeinem religiösen System. Du kannst dich auf keine andere Weise mit dem Vater versöhnen, als indem du Jesus zu Füßen fallst und ihn als Herrn und Retter in dein Leben einlädst. Wenn dies geschieht, gibt er dir die Macht (das Recht), ein

Kind Gottes zu werden (siehe Johannes 1,12-13, Römer 10,9-11). In genau diesem Moment kannst du ihn in dein Leben einladen. Tu es jetzt! Wiederhole dieses Gebet: „Herr Jesus, ich bereue all meine Sünden und bitte dich, mir zu vergeben, reinige mich und mache mich zu deinem Kind. Komm in mein Herz und ermächtige mich, für dich zu leben. In deinem Namen bitte ich, Amen."

Kapitel 14

Zu wissen, wer und was du bist

In den vorangegangenen Kapiteln haben wir die Art des Konflikts dargelegt, den Feind, gegen den wir kämpfen, seine Waffen und Strategien; wir haben auch unser Mandat, unsere Waffen und die Möglichkeiten unserer Waffen dargelegt. In diesem Kapitel werden wir uns den Soldaten ansehen, der die Waffe benutzt, d. h. wir betrachten dich als Träger der Waffe, bevor wir uns ansehen, wie du deine Waffe als Soldat führst.

Während du dich darauf vorbereitest, eine Waffen einzusetzen, möchte ich, dass du verstehest, dass du vor Gott unbezwingbar bist. Die Allmacht ist auf deiner Seite und deshalb kann dich keine andere Macht überwinden. Gott sagte zu Israel:

> „Fürchte dich nicht; denn ich bin mit dir; sei nicht ängstlich, denn ich bin dein Gott; ich stärke dich, ich helfe dir auch, ich erhalte dich durch die rechte Hand meiner Gerechtigkeit. Siehe, zuschanden und zu Spott werden alle, die wider dich zürnten; es werden zunichte und kommen um die Männer, die mit dir zankten. Du wirst sie suchen, aber nicht finden, die Leute,

welche mit dir haderten; wie nichts und gar nichts werden die Männer, die wider dich stritten. Denn ich, der HERR, dein Gott, ergreife deine rechte Hand und sage dir: Fürchte dich nicht; ich helfe dir!" (Jesaja 41,10-13)

In der obigen Schriftstelle gibt es eine Reihe von Geboten, Zusicherungen und Verheißungen: Lass uns diese herausbringen, damit du selbst sehen kannst, was Gott über dich gesagt hat;

Die Befehle sind
- fürchte dich nicht
- sei nicht bestürzt

Die Zusicherungen sind
- Ich bin bei dir
- Ich bin dein Gott
- Ich bin der HERR

Die Versprechen sind
- Ich werde dich stärken
- Ich werde dir helfen
- Ich werde dich mit meiner gerechten rechten Hand stützen
- Deine Feinde werden in Ungnade fallen
- Deine Feinde werden umkommen
- Deine Feinde werden zunichte gemacht

Nun, wenn du ein Überwinder bleiben willst, musst du Angst und Entmutigung von dir fernhalten. Angst und Entmutigung sind zwei gefährliche Feinde in deinem Lager, du darfst ihnen nicht erlauben, in deinem Leben zu wirken.

Angst lähmt und macht einen Menschen handlungsunfähig.

Angst bricht deinen Abwehrmechanismus und macht dich anfällig für Niederlagen und Versagen.

Wenn du der Angst nachgibst, verlierst du Gottes Verheißungen.

Angst erdet deine Potenziale.

Angst ist gefährlich ansteckend.

Angst ist ein Geist, der nicht von Gott ist.

Allmacht kann sich nicht für dich manifestieren, wenn du der Angst nachgibst.

Gott ist hilflos, den Ängstlichen zu helfen.

Angst und Liebe können nicht nebeneinander existieren.

Angst beraubt dich der Besonnenheit des Geistes.

Während du dich jeder Herausforderung im Leben stellst, musst du glauben, dass die Allmacht mit dir ist. Du musst glauben, dass die Allwissenheit mit dir ist, und du musst glauben, dass die Allgegenwart mit dir ist.

In diesem Kampf des Lebens hat Gott versprochen, dich zu stärken. Stärken bedeutet energetisieren, es bedeutet stark machen, es bedeutet, fähig und geeignet zu machen, etwas zu tun oder zu widerstehen. Es bedeutet zu ermöglichen. Lebe täglich in dem Wissen, dass dir göttliche Ermächtigung zur Verfügung steht. Lebe täglich in dem Wissen, dass du eine himmlische Festung hast, die nichts überwinden kann. Die energetisierende Kraft des Heiligen Geistes ist für dich.

Der Himmel wird dich fähig machen, jede Schwierigkeit zu überwinden, der du in diesem Leben gegenüberstehst. Jedem Druck im Leben durch den feindlichen Angriff wird der Himmel es dir ermöglichen, zu widerstehen. Das können finanzielle Belastungen oder Schwierigkeiten, emotionale Belastungen oder Schwierigkeiten, mentale Belastungen oder Schwierigkeiten, moralischer Druck oder Schwierigkeiten, spiritueller Druck oder Schwierigkeiten und emotionaler Druck und Schwierigkeiten sein. Alle diese Bereiche sind gleichermaßen wichtig, denn sobald der Feind in einem Bereich deines Lebens erfolgreich ist, besteht die Möglichkeit, dass er dich auch in den anderen Bereichen überwältigt.

Alle, die es in diesem Rennen geschafft haben, hatten immer Gott als ihre Stärke. Wenn auch du erfolgreich sein und triumphieren möchtest, musst du dir täglich den Herrn als deine Stärke aneignen. Der Psalmist kannte Gott als seine Stärke (Psalm 18,1; 28,7; 59,17; 73,26; 118,14). Mose kannte Gott als seine Stärke (2. Buch Mose 15,2.) Jesaja kannte Gott als seine Stärke (Jesaja 12,2.) Habakuk nannte Gott seine Stärke (Habakuk

3,19.) Paulus kannte Gott als den Einen, der ihn stärkte (Philipper 4,13.) Auch du musst dir den Herrn als deine Stärke aneignen und erklären!

Gott hat auch versprochen, dir zu helfen. Helfen bedeutet hier, Teil einer bestimmten Last, Aufgabe oder Verantwortung zu sein. Gott möchte ein integraler Bestandteil dessen sein, was du tust. Er möchte in den Kämpfen des Lebens mit dir „anpacken". Wiederum kannte der Psalmist den Herrn als seine Hilfe, seine allgegenwärtige Hilfe (Psalm 33,20, Psalm 46,1), Samuel kannte Gott als seine Hilfe (1. Samuel 7,12), Paulus kannte Gott als seine Hilfe (Apostelgeschichte 26,22.) Lebe täglich in dem Wissen, dass Gott deine Hilfe ist und das Leben viel aufregender sein wird, als du es dir jemals vorgestellt hast.

Er hält dich aufrecht

Hochhalten bedeutet erhalten, unterstützen und tragen. Gott möchte dich finanziell, emotional, mental, sozial, physisch und geistlich tragen, unterstützen und erhalten. Er möchte, dass seine Nahrung jeden Bereich deines Seins durchdringt. Es bedeutet, dass er deine Macht erhalten wird (Psalm 37,17), dich vor dem Fallen bewahren (Psalm 37,24), dich beschützen (Psalm 140,12) und dich mit allem versorgen, was du brauchst (Psalm 146,7.) Deine einzige Verantwortung besteht darin, zu glauben, was Gott sagt, und dann den Rest hm zu überlassen. Er ist zu wahr, um zu lügen, und zu treu, um zu scheitern.

Gott sagt, deine Feinde werden in Ungnade fallen! Es ist sein Versprechen, egal wie viele es sind, egal welche Waffen sie haben, egal welche Strategien sie haben, was der Himmel für sie bestimmt hat, ist Schande. Wenn du daran glaubst und danach handelst, wirst du beginnen, die offene Schande deiner Feinde zu sehen. Ich möchte jubeln! Schauen wir uns nun an, was der souveräne Herr an anderer Stelle über dich sagt:

> **„Fürchte dich nicht vor ihnen; denn ich bin mit dir, um dich zu erretten, spricht der HERR. Siehe, ich mache dich heute zu einer festen Stadt und zu einer eisernen Säule und zu einer ehernen Mauer wider das ganze Land, wider die Könige von Juda, wider ihre Fürsten, wider ihre Priester und wider das Volk des Landes; sie werden zwar wider dich streiten, aber nichts wider dich vermögen; denn ich bin mit dir, spricht der HERR, um dich zu erretten." (Jeremia 1,8,18-19)**

Hier finden wir den Herrn, der einige sehr weitreichende Erklärungen über dich abgibt. Eine Deklaration ist eine Absichts- und Verpflichtungserklärung.

Der Herrgott sagt: „Fürchte dich nicht vor ihnen" und „sie werden kämpfen". Auf wen bezieht sich der obige Vers? Ich glaube an alle deine Feinde; Satan und sein Heer von Dämonen, satanische menschliche Agenten, Krankheit, Armut, Versagen, Niederlage usw.

Die Tatsache, dass Gott sagt, dass er dich retten soll, zeigt, dass es Gefahr gibt. Retten heißt wegreißen, befreien, sichern, bewahren und

verteidigen. Gott wird dich aus ihren Fallen reißen, er wird dich vor ihren Angriffen verteidigen und alles, was dir gehört, bewahren. Die Gewissheit der Gegenwart Gottes sollte eine tröstliche Realität sein.

Du solltest in der Lage sein, jeder Situation in dem Wissen zu begegnen, dass Gott mit dir ist, daher kann der Feind nichts in dir, an dir oder durch dich bewirken.

Jeremia war berufen worden, sich einer ganzen abtrünnigen Nation zu stellen und sie mit der Wahrheit des Wortes Gottes zu konfrontieren. Es war ein Mann gegen eine ganze Nation, doch Gott sagte ihm, dass sie gegen ihn kämpfen und ihn nicht überwinden könnten. Ist das nicht Unbesiegbarkeit? Ist das nicht Unschlagbarkeit? Ich möchte, dass du weißt, dass, obwohl die ganze Hölle losgelassen wird, ihre Pläne zu nichts führen werden, weil Gott mit dir ist.

Du bist unbesiegbar

Gott sagt, er hat dich zu einer befestigten Stadt gemacht, er hat dich zu einer eisernen Säule gemacht, und er hat dich zu einer ehernen Mauer gemacht. Eine befestigte Stadt ist permanent gegen jede feindliche Infiltration und Invasion gerüstet. Du kannst in einer befestigten Stadt mit dem ganzen Gefühl von Sicherheit und Zuversicht leben. Eine Eisensäule kann nicht leicht gebogen oder bewegt werden. Eine Bronzemauer kann vom Feind nicht niedergerissen oder überstiegen werden. Der Himmel hat dich uneinnehmbar gemacht: unschlagbar, unbesiegbar, unbezwingbar und „unüberwindbar".

Du kannst nicht von Satan überwältigt werden. Du kannst nicht von Hexen überwältigt werden. Du kannst nicht von Krankheit und Leiden überwältigt werden. Das hat der Himmel für dich bestimmt. Und weil der Himmel über das ganze Universum herrscht, hast du das Mandat, dieses

Dekret in deinem Bereich durchzusetzen. Der Himmel hat nicht gesagt, dass sie niemals gegen dich kämpfen werden. Im Gegenteil, es hat versprochen, dass sie kämpfen werden, aber der Sieg soll dein sein.

Satan mag seine ganze Armee aufstellen und dein Leben belagern, aber sie werden dich nicht überwinden, denn so wie der Himmel den Sieg für dich bestimmt hat, so hat er auch dem Teufel Scheitern und Niederlage befohlen. Ich möchte dich wissen lassen, dass der Rat des Himmels gesessen und ein Urteil über Satan gefällt hat, das nie rückgängig gemacht wurde; der Teufel wurde zum ewigen Versager und zum dauerhaften Verlierer erklärt.

Die Bibel sagt, dass ein Schüler nicht größer sein kann als sein Meister, wenn also Satan zu einem dauerhaften Verlierer erklärt wurde, wurden alle seine Anhänger zu Verlierern und Versagern erklärt. Wenn du das 1. Buch Mose 3,14-15 liest, sagte der Herr ihm (dem Teufel), dass er vor allen Lebewesen verflucht sei. Gott befahl ihm zu kriechen – das ist die Position oder Haltung eines Besiegten. Aber über die Heiligen sagt Gott: „Sie werden auffahren mit Flügeln wie Adler ... sie werden laufen ... sie werden gehen" (Jesaja 40,31.) Du sollst also fliegen, laufen oder gehen. Dein Feind ist dazu verdammt zu kriechen.

Der Herr sagte etwas noch Demütigenderes über den Teufel: dass er sein Leben lang Staub fressen wird. Seine Köstlichkeiten sollten das sein, was du bereits zertrampelt und überquert hast, aber für dich sagt Gott: Er bereitet vor dir in Gegenwart deiner Feinde einen Tisch. Das Traurige ist, dass der Teufel für einige von Gottes Kindern den Spieß umgedreht zu haben scheint, er ernährt sich von den Köstlichkeiten, während sie sich vom Staub ernähren.

Hey! Ab heute wisst ihr, was der Himmel Satan als Speise verordnet hat. Jedes Mal, wenn er sich von deinen Finanzen ernähren will, sag ihm: „Hey Junge, du irrst dich, du kannst dich nicht von meinen Finanzen ernähren, der Himmel sagt, der Staub muss deine Nahrung sein", dann befehle ihm, den Staub zu essen. Was auch immer er von dir ernähren will, sag ihm, er hat kein Recht dazu, der Himmel hat nichts als Nahrung für ihn bestimmt als den Staub.

Ich möchte, dass du anfängst zu bekennen, dass du mehr als nur Eroberer bist; erkläre, dass du unbesiegbar bist, erkläre, dass du unüberwindbar bist; erkläre, dass du nicht von jemandem überwältigt werden kannst, der für einen Versager erklärt wurde.

Die richtige Einstellung

Hören jetzt noch einmal darauf, was der Himmel zu dir sagt: **„Seid tapfer und stark, fürchtet euch nicht und lasset euch nicht vor ihnen grauen; denn der HERR, dein Gott, geht selbst mit dir; er wird die Hände nicht von dir abtun, noch dich verlassen!"** (5. Buch Mose 31,6)

Der Himmel möchte, dass du eine Haltung der Stärke und des Mutes bewährst, damit du bei allem, was du tust, effektiv bist. Angst und Entmutigung sind Mann und Frau zu denen, die immer Niederlagen, Versagen, Verwirrung und Frustration hervorbringen werden. Sie selbst sind Nachkommen von Zweifel und Unglauben.

Um Angst und Entmutigung zu überwinden, musst du dich auf das konzentrieren, was das Wort Gottes über dich aussagt, und auf seine Gegenwart und Begleitung! Stärke und Mut sind die Schlüssel zur Befreiung der Allmacht. Wenn die Allmacht für dich handeln muss, musst du stark und mutig sein. Deshalb sagt er: „Der Schwache spreche: Ich bin stark!" (Joel 3,10b) und „stärket die schlaffen Hände." (Jesaja 35,3a)

Stelle dich jedem neuen Tag mit der Kraft, dem Mut und dem Wissen, dass Allmacht dich niemals verlassen wird, dass Allgegenwart dich niemals verlassen wird. Das Wort hat niemals hat eine dreifache Bedeutung. Es bedeutet zu keiner Zeit, unter keinen Umständen und an keinem Ort. Du erinnerst dich, dass der Herr Jesus gesagt hat: „… Ich bin immer bei dir…" Immer, hier bedeutet überall, jederzeit und in allem! Das ist die Zusage der Allmacht, Allgegenwart und Allwissenheit an euch!

Satan wird alles tun, um dir deine Stärke und deinen Mut zu nehmen, indem er versucht, sich in Panik zu versetzen. Wenn ihm das gelingt, wird die Allmacht für dich hilflos. Kraft und Mut aktivieren für dich die Allmacht und setzen sie gegen deine Feinde in Bewegung. Die Gegenwart Gottes – seine manifeste Gegenwart, d. h. aktivierte Allgegenwart – ist deine Trumpfkarte gegen den Feind. Gott ist überall und seine Macht ist überall, was du brauchst, ist seine aktivierte Gegenwart und Macht. Das macht den Unterschied!

Du bist ein Imperialist

Schaue nun an, was der Herr zu Josua sagte: „**Jeden Ort, darauf eure Fußsohlen treten, habe ich euch gegeben, wie ich Mose versprochen habe. Von der Wüste und diesem Libanon an bis zum großen Strom Euphrat, das ganze Land der Hetiter, und bis zu dem großen Meer, wo die Sonne untergeht, soll euer Gebiet sein. Niemand soll vor dir bestehen dein Leben lang; wie ich mit Mose gewesen bin, also will ich auch mit dir sein; ich will dich nicht loslassen und gar nicht verlassen."** (Josua 1,3-5)

Gott hat dich zum Imperialisten erklärt. Du hast das Recht, jeden Ort zu besitzen, den dein Fuß berührt. Ich möchte, dass du anfängst, deine Füße in dein Erbe der finanziellen, sozialen, materiellen, emotionalen und vor allem spirituellen Fülle zu setzen. Stelle dir vor, du setzt deinen Fuß auf das umkämpfte Territorium deines Erbes und beginne, das ganze Land zu beanspruchen, das dir vom Rat des Himmels zugeteilt wurde – die Fülle deines Erbes in Christus Jesus.

„Niemand" bedeutet ausnahmslos alle, egal wie groß, egal wie trainiert, egal wie ausgeklügelt seine Waffen oder Maschinen auch sein mögen Sein mögen hat das Recht im Gebiet deines Erbes mit dir zu streiten.

„Werden sich gegen dich behaupten können"
Lasse mich dir sagen, was das bedeutet:
- Niemand wird die Fähigkeit haben, sich gegen dich zu stellen.
- Niemand wird das Notwendige haben, um sich gegen dich zu behaupten.
- Niemandem, der es versucht, wird es gelingen, sich gegen dich zu behaupten.
- Jeder, der versucht, sich gegen dich zu stellen, wird am Ende eine kriechende Position einnehmen.

Aus keinem Grund sollte der Teufel oder einer seiner Diener in der Lage sein, sich gegen dich zu erheben. Die Haltung, die der Himmel für sie bestimmt hat, ist die Kriechhaltung. Das heißt, sie müssen sich vor dir beugen. Alles im Bereich deiner Herrschaft und Erbschaft muss sich dir beugen und unterwerfen.

Die Bibel sagt nicht, dass niemand versuchen wird, sich gegen dich zu wehren, aber dass sie, selbst wenn sie es versuchen, nicht dazu in der Lage sein werden, solange du Gottes Leben in dir hast. Deshalb ist spirituelle Vitalität im spirituellen Kampf und siegreichen Leben von größter Bedeutung. Ernähre dich vom Wort Gottes durch Bibellesen, Studium und Meditation über das Wort.

„Wie ich war … so werde ich sein …"

Gott sehnt sich täglich danach, der Menschheit und den Fürsten und Mächten seine unveränderliche Natur zu zeigen. Er sehnt sich leidenschaftlich danach, den Menschen zu offenbaren, dass er, wie er gestern war, heute ist und morgen sein wird. Er ist der Gott, der die Ewigkeit umspannt. Er sehnt sich danach, die unveränderliche Natur seiner Macht, seiner Gerechtigkeit und seiner unendlichen Liebe zu demonstrieren. In Josua 3,7 sagt er: „…ich bin…wie ich war."

Er ist derselbe gestern, heute und für immer! Wenn du dich nur zur Verfügung stellst, wirst du zu Gottes Waffe oder Instrument, durch das er seine Macht, Gerechtigkeit und Treue demonstrieren wird.

Wenn du all dies erlaubst, tief in dich hineinzusinken, dass der Gott, der nie gescheitert ist, dich nicht im Stich lassen wird, dass der Gott, der nie einen Kampf verloren hat, keinen für dich verlieren wird, dann wirst du für immer siegreich sein.

Kapitel 15

Der Umgang mit Waffen

Unabhängig davon, wie ausgeklügelt und zerstörerisch eine Waffe sein mag, wenn derjenige, der sie benutzt, die Waffe nicht beherrscht, gibt es keine Möglichkeit, dass die Waffe ihr Potenzial und ihre Fähigkeiten voll ausschöpft. Man könnte sogar sagen, je größer das Potenzial einer Waffe ist, desto selbstzerstörerischer kann sie in den Händen von jemandem sein, der nicht gelernt hat, wie man sie benutzt.

Das erste, was ich sagen möchte, ist, dass die Waffen, die wir haben, nur dann effektiv sein können, wenn wir sie durch Gott für die Zwecke des Königreichs einsetzen. Verwende niemals eine der oben genannten Waffen aus egoistischen Gründen. Verwende sie nicht, weil jemand dich beleidigt hat. Das Ziel einer Waffen sind nicht Menschen, sondern der Teufel.

Werde nicht eifersüchtig auf das Eigentum eines anderen um dann diese Waffen dann durch seelische Gebete zu benutzen. Wenn du das tust, dann verwendest du diese Waffen nicht durch Gott, sondern schickst sie in die Luft für den Teufel gegen Menschen einzusetzen. Sei sicher, dass jedes Mal, wenn du diese mächtigen geistlichen Waffen einsetzt, ihre Wirkung zum

Fortschritt des Reiches Gottes führt und nicht zu einem persönlichen Reich. Denke jetzt daran, dass jede der Waffen, die wir oben erwähnt haben, ein Gegenstück im Physischen hat. Um solche Waffen effektiv einzusetzen, musst du wissen, wie das physische Gegenstück funktioniert. Zum Beispiel wird Feuer im Physischen verwendet, um Dinge zu verbrennen.

Wenn die spirituelle Situation erfordert, dass etwas verbrannt wird, dann kannst du verlangen, dass Feuer die Situation, der du gegenüberstehst, verzehrt! Hier brauchen wir viel Weisheit, wenn der Heilige Geist uns führt. Wenn du zum Beispiel erkennst, dass du gegen eine geistliche Mauer stößt, die deine Vorwärtsbewegung in irgendeinem Bereich deines Lebens blockiert, kannst du dem Erdbeben des Herrn befehlen, die Mauer zum Einsturz zu bringen.

Wenn du feindliche Spionagesatelliten zerstören wollen, kannst du dem Ostwind des Herrn befehlen, sie von ihrer Flugbahn abzubringen und sie in Stücke zu zerschmettern. Dasselbe gilt für Spionagekameras, Teleskope usw. nach dem Wegblasen, wenn du möchtest, dass sie dauerhaft zerstört werden, kannst du Feuer auslösen, um solche Gegenstände zu zerstören.

Du kannst auch Blitzen befehlen, alle verirrten Raum- oder Luftschiffe zu treffen, die in deine spirituelle Domäne eindringen. Genauso wie du physische Feinde zerstreuen kannst, indem du physische Granaten in ihre Mitte werfst, kannst du auch spirituelle Granaten in feindliche Lager werfen. Solche Gebete sind am besten zwischen 00:00 Uhr und 03:00 Uhr, wenn sie normalerweise versammelt sind. Wenn du den genauen Ort ihrer Versammlung kennst, kannst du diese Waffen auf sie richten.

Du kannst den Transport ihrer illegalen Waren abfangen, indem du den Ostwind des Herrn freigibst, um all diese Schiffe zu beschädigen, die möglicherweise menschliche Seelen oder Blut transportieren, um ihre Blutbanken zu versorgen.

Du kannst Feuer auf satanische Altäre regnen lassen, die gegen die Menschen und das Werk Gottes errichtet wurden. Du kannst auch spirituelles Tränengas in ihre Mitte freisetzen.

Du kannst ihre Wachtürme niederreißen, damit sie dich nicht von dort aus mit ihren satanischen Teleskopen überwachen können.

Weißt du, der Teufel beauftragt Spionagedämonen, die deine Bewegungen überwachen und Berichte zurückgeben. Um diesen Punkt ganz klar zu machen, wende dich mit mir dem Buch zu. David betete,

> „Vor den Gottlosen, die mich verderben, vor meinen Todfeinden, die mich umringen! Ihr fettes Herz verschließen sie; mit ihrem Munde reden sie übermütig. Wo wir gehen, umringen sie uns! Ihre Augen haben sie fest auf die Erde gerichtet." (Psalm 17,9-11)

Du siehst, David war sich seiner Feinde sehr bewusst. Er wusste, dass es Feinde gab, die sein Leben suchten und seinen Untergang wollten. Ich möchte, dass du weißt, dass du von Geistwesen angegriffen wirst. Geisterwesen verfolgen dich mit der Absicht, dich zu Fall zu bringen.

Als der Herr mir dies beibrachte, erkannte ich die Notwendigkeit, immer zu beten und ihre Spionagemaschinerie außer Gefecht zu setzen, indem ich solche überwachenden Geister mit Blindheit schlage. Du kannst sie auch taubstumm machen, damit sie weder hören noch sprechen können und ihre Mission dauerhaft vereitelt wird. Ich habe oft ein Dekret ausgesprochen, dass keine zwei dieser überwachenden Geister in der Lage sein werden, sich auf einen Bericht zu einigen, der mich betrifft.

Sie können Mikrofone in deine spirituelle Umgebung einfügen, um jedes deiner Gespräche und Gebete zu überwachen. Du musst beten und solche Geräte abblasen, die vom Feind zur spirituellen Spionage verwendet werden. Du kannst eine spirituelle Zone herausarbeiten und sie zur No-Go-Zone für Satan und seine Dämonen und menschliche Agenten erklären. Wenn du dies tust, kannst du dem Himmel das Mandat erteilen, Küstenwachen einzusetzen, um Unbefugte und Eindringlinge festzunehmen und dauerhaft zu binden.

Du erinnerst dich, wie der Herr Hagelkörner gegen die feindliche Armee abfeuerte. Wenn du spürst, dass du belagert wirst, kannst du auch den Himmel bitten, Hagelkörner gegen die Feinde zu schießen, die sich um deine Mauern oder Tore versammelt haben.

Es gibt etwas, das der Herr Jesus über den Einfluss der Himmelskörper auf menschliche Angelegenheiten gelehrt hat. Höre, was er sagte:

> „Und es werden Zeichen geschehen an Sonne und Mond und Sternen, und auf Erden Angst der Völker vor Ratlosigkeit bei dem Tosen des Meeres und der Wogen, da die Menschen in Ohnmacht sinken werden vor Furcht und Erwartung dessen, was über den Erdkreis kommen soll; denn die Kräfte des

Himmels werden in Bewegung geraten." (Lukas 21,25-26)

Die Zeichen in Sonne, Mond und Sternen sind es, die die Qual auf der Erde verursachen werden. Und genau das tut der Teufel heute. Er benutzt die Himmelskörper, um die menschlichen Aktivitäten hier auf der Erde stark zu beeinflussen. Deshalb gibt es einige Krankheiten und Leiden, die dich befallen, wenn die Sonne aufgeht, andere, wenn sie untergeht, andere Dinge passieren einfach in Bezug auf die Größe des Mondes. Sie sind wie ein endloser Zyklus von Ereignissen.

Anderen bringt das Rauschen des Meeres bei Flut unermessliche Schwierigkeiten und körperliche Qualen. Deshalb musst du in regelmäßigen Abständen, wenn nicht täglich, beten, um die Programme des Feindes zu demontieren, die in die Himmelskörper oder das Meer gesetzt wurden, um gegen dich zu arbeiten. Du kannst den Programmen befehlen, abzustürzen und abzubrechen.

Fazit

Möglicherweise musst du ein zweites, drittes und sogar viertes Lesen durchführen, um alles, was wir in diesem Buch mitgeteilt haben, richtig zu verstehen und sich anzueignen. Du magst auf diesem Schlachtfeld des Lebens einige Narben erleiden, aber eines ist sicher, der Herr hat dir den Sieg geschenkt. Du wurdest für den Triumph gebaut und ausgerüstet. Nehme deinen Platz auf dem Schlachtfeld ein und weigere dich, ein Opfer der Mächte der Dunkelheit zu werden.

www.ingramcontent.com/pod-product-compliance
Lightning Source LLC
Chambersburg PA
CBHW030528080526
44586CB00011B/364